동굴 밖으로 나온
필로와 소피

공자부터 롤스까지, 동화로 읽는 13가지 철학 이야기

동굴 밖으로 나온
필로와 소피

이진민 글 * 김새별 그림

知와 사랑

차례

존 할아버지의 요술 보자기

존 롤스, 무지의 베일

존 롤스 John Rawls

보물 상자를 발견했어요.

열어보니 번쩍이는 황금과 보석이 가득, 장신구들이 그득.

어떻게 나눌까?

홍부가 말했어요.

"우리 집은 가난해요. 배가 고파 제비처럼 입을 벌리고 있
는 아이들이 스물다섯이나 된답니다. 염치없지만 저에게 조
금 더 베풀어 주시면 안 될까요?"

"그게 무슨 상관이야. 아이구, 나한테 저 황금을 몽땅 준다
면 얼마나 좋을까. 저 꽃신은 곱기도 하지. 우리 아내 주면 좋
아하겠다."

심술보가 더덕더덕 붙은 놀부가 탐욕스러운 얼굴로 말했어요.

그러자 허생이 말했습니다.

"이보시오들. 나에게 투자하시오. 나한테 저 황금을 몽땅 준다면 곧 열 배로 불려 돌려드리겠소."

콩쥐가 수줍게 말했어요.

"저기, 다른 건 몰라도 저기 있는 예쁜 꽃신은 제가 갖고 싶어요."

"어머, 저 신 내 취향인데. 나한테 양보하면 안 돼요? 내가 신발을 좀 좋아하거든요."

신데렐라가 일어나 꽃신을 만지작거리기 시작했어요.

"너희들, 시끄럽다. 한 입 거리도 안 되는 것들이. 저건 다 내 거야."

구석에 웅크리고 있던 사자가 으르렁거리며 말했어요.

"뭐라고요? 그렇게 욕심을 내면 사자 아저씨가 잠자는 동안 우리가 아저씨 귓구멍으로 들어가 버릴 거예요."

조그만 개미들이 큰 소리로 말했습니다.

왁자지껄, 시끌시끌, 으르렁.

미소를 띠며 창밖만 바라보고 있던 존 할아버지가 말했어요.

"우리 재미있는 게임을 하는 게 어때요? 짜잔, 이것 보세요. 나한테는 요술 보자기가 있어요."

"요술 보자기요?"

"네. 우리가 근사한 결정을 내릴 수 있게 도와주는 보자기예요."

"그런 보자기가 있어요? 어떤 요술을 부리나요?"

"궁금하면 모두 써볼래요?"

존 할아버지는 촤르륵, 인원수대로 부드러운 회색 보자기를 꺼내어 모두의 머리에 씌워 주었어요.

"어어?"

"음?"

"어라? 내가 누구였더라?"

할아버지가 빙긋이 웃으며 말했어요.

"이 요술 보자기를 뒤집어쓰면 내가 누구인지, 상대는 누구인지, 잠시 잊어버리게 된답니다."

"허허, 이거 요물일세."

허생이 말했어요.

"자, 이제 여러분 앞에 황금 열 덩이가 있다고 생각해 보세요. 어떻게 나누는 게 좋을까요?"

모두의 머릿속이 재빠르게 굴러가기 시작했어요.

가장 힘센 순서대로?

아니야. 내가 가장 약한 사람이면 어떡해.

그럼 나이 순서대로?

아니야. 보자기를 벗었는데 다들 나보다 나이가 많을 수도 있잖아.

그럼…… 음……

이런. 내가 누군지 모르니 무턱대고 아무렇게나 결정할 수가 없네.

"저기… 딸린 식솔이 많은데 가난한 사람이 있다면, 그들이 당분간 배불리 먹을 수 있을 만큼 주어야 하지 않겠소?"

와, 이 말이 누구 입에서 나온 줄 아세요? 바로 심술꾸러기 놀부 아저씨예요!

"왜 그렇게 생각하시죠?"

존 할아버지가 묻자 놀부 아저씨가 대답했어요.

"그게, 내가 누군지 모르니까요. 그러자니 내가 제일 어려운 상황이면 어쩌나 생각하지 않을 수가 없구려. 우리 집이 찢어지게 가난하면 어쩌나 걱정이 되고, 거기에다가 딸린 식솔까지 많으면 어쩌나 싶고…… 흠."

보자기를 뒤집어쓴 허생이 말합니다.

"그렇군. 만약에 내가 가장 가난하고 도움이 필요한 사람이라면 나도 저렇게 생각할 것 같소."

콩쥐도 거들었어요.

"맞아요. 저도 그렇게 생각해요. 가장 도움이 필요한 사람의 입장에서 생각하고 결정한다면, 우리 중 아무도 손해를 보지 않을 수 있을 거예요."

신데렐라도 맞장구를 치네요.

"그래요. 집에 보석이 많이 쌓여 있는 사람은 잠시 양보하고 당장 배고파 쓰러질 사람에게 주는 게 맞죠. 그런데 우리집이 어땠더라? 되게 가난해서 내가 재투성이였던 것 같기도 하고, 으리으리한 성에 살았던 것 같기도 하고……."

존 할아버지가 활짝 웃으며 모두에게 물었어요.

"그럼 모두들 이 의견에 찬성하나요? 가장 배고픈 사람이 먹고살 수 있도록 나누고, 거기에 토를 달지 않겠다는 의견에?"

"네, 제가 누군지 모르지만 손해를 보고 싶진 않군요."

"음. 내가 제일 어려운 상황에 처해 있다고 생각하니 그게 맞네."

"옳소. 그리 합시다."

그렇게 모두는 요술 보자기의 도움으로 상자 안에 든 보물들을 하나하나 차례로 나누었어요.

●

존 할아버지가 빙그레 웃으며 말했어요.

"내가 누구인지 모르게 되면, 개개인이 가장 이익이 되는 방향을 추구함으로써 가장 정의로운 결정을 내릴 수 있답니다. 그것이 바로 이 보자기가 부리는 요술이지요."

그렇게 왁자지껄, 아슬아슬한 말들이 오갔던 자리는 평온하게 정리가 되었답니다.

이거야말로 할아버지의 보자기가 부린 요술이 아닐까요?

친구들과 생각해 봐요

우리 교실에 신기한 장난감이 가득 든 멋진 상자가 뚝 떨어진다면 어떻게 나누고 싶은가요?

싸워서 제일 힘이 센 사람이 차지하는 게 좋을까요?

아니면 공부를 제일 잘하는 친구부터?

그것도 아니면 선생님이 정하는 대로?

다 함께 눈을 감고 존 할아버지의 요술 보자기를 쓴 것처럼 생각해 보는 건 어떨까요?

존 할아버지가 기쁜 얼굴로 빙그레 웃어주실 거예요.

어른들과 함께 읽어요

20세기의 탁월한 정치철학자 중 하나인 존 롤스^{John Rawls}
(1921~2002)의 『정의론^{A Theory of Justice}』(1971)에 나오는 '무지
의 베일^{veil of ignorance}'을 설명한 동화입니다. 정의의 여신을
본 적이 있나요? 우리가 미술관이나 광장, 법원 같은 곳에
서 예술 작품으로 만나는 정의의 여신들은 주로 눈을 가
리고 있는데요. 가진 것이나 겉모습에 현혹되지 않고 모든
편견의 여지를 차단한 채 공정한 심사를 하겠다는 뜻이죠.
이렇게 정의의 여신의 눈을 가리고 있는 천이 바로 무지의
베일과 일맥상통한다고 할 수 있겠습니다. 베일은 아무래
도 속이 비치는 느낌이 강해서 '무지의 장막'으로 번역하
기도 합니다.

1950년대 이후 정치 영역이 효율성에 잠식당하고 있을
때, 롤스는 이 베일의 비유를 통해 "합리적인 개인들이 자
신의 이익을 극대화하기 위해 행동하면 자연스럽게 사회
적 안전망을 확보하려 하고, 그 결과 정의를 추구하게 된
다"라는 설명으로 당시 점차 자리를 잃어가던 정의 개념
에 새로운 숨을 불어넣었습니다. **약자에게 안전한 세상은 결**

국 모두에게 안전한 세상이 되는 법이니까요.

롤스는 "사상 체계의 제1덕목이 진리이듯이 사회제도의 제1덕목은 정의"라고 주장했습니다. 어떤 사상 체계가 아무리 일목요연하게 잘 짜였더라도 거짓이라면 당연히 폐기되어야 하듯이, 사회제도가 아무리 효율적이라도 그것이 정의롭지 못하다면 폐기하고 다시 만들어야 한다는 것입니다. 이런 주장은 특히 당시 '최대 다수의 최대 행복' 같은 말로 효율성을 강조하던 공리주의를 정면으로 반박하는 것이었어요. 이런 롤스의 주장은, 효율성을 극대화한다는 명분 아래 **무시되거나 뒤에 남겨지는 사람들이 없어야 한다**는 따뜻한 의미를 담고 있습니다. 롤스는 훌륭한 정치철학자인 동시에 마음 따뜻한 선생님으로 하버드대학교에서 오래 재직하며 로버트 노직, 주디스 슈클라 등과 더불어 정의에 대한 논쟁을 이끌었습니다.

흥부와 놀부, 신데렐라, 콩쥐처럼 우리가 익숙하게 각각의 상황을 알고 있는 이야기 속 인물들을 데려와 상황을 꾸몄습니다. 아이들이 『허생전』의 허생을 잘 모를 것 같지만 이를 계기로 허생이라는 인물에 궁금증을 갖는 친구가 있다면 또 그것대로 좋지 않을까요. **정의와 공정**이라는 개념이 커다란 화두가 되고 있는 시대입니다. 아이들과 이

이야기를 읽으면서 일상의 영역에서, 또 사회와 정치의 영역에서, 우리가 내리는 많은 결정들이 정의를 제1덕목으로 갖고 있는지 한번 돌아보면 좋겠습니다. 요술 보자기를 뒤집어쓰기 전의 놀부처럼, 가진 것이 많음에도 모든 걸 움켜쥐고 더 많은 것에 욕심을 부리고 있지는 않은지 말입니다.

넉넉하지 않은 사람도 걱정없이 치료받게 해주는 세상은 나이 들어 은퇴한 나도 돌봐주겠죠.

휠체어가 다닐 수 있는 길은 자전거 탄 아이에게도 안전한 길이 될 테고요.

가장 약한 이를 위한 정의가 결국 나를 위한 선택이구나!

자연섬 이야기

토머스 홉스,
만인의 만인에 대한 투쟁

토머스 홉스 Thomas Hobbes

이 이야기는 동네도, 나라도 없던 시절의 이야기예요.

'자연섬'이라는 이름의 조그만 섬에 자연인들이 흩어져 살았습니다. 그렇게 비옥한 곳은 아니었지만, 맛있는 열매를 품은 숲이 우거지고 맑은 물이 흐르는 섬이었지요. 자연인들은 서로 이름도 모르고 사는 곳도 몰랐어요. 하지만 가끔씩 시냇가에서 물을 마시다 마주치곤 했지요.

포도 넝쿨이 우거진 언덕에 사는 자연인은 해님을 숭배했어요. 시냇물 옆 컴컴동굴에 사는 자연인은 달님을 숭배했고요. 향기로운 느티나무 숲에 사는 자연인은 별님을 숭배했지요. 이들은 자기가 믿는 해님, 달님, 별님이 가장 힘이 세다고 우기며 만날 때마다 투닥거렸습니다.

자연섬 언덕 연못가에는 사과나무 한 그루가 탐스러운 사과를 주렁주렁 달고 서 있었어요. 사과가 어찌나 크고 달던지, 하나만 따 먹어도 하루 종일 배가 불렀답니다. 사과는 자연인들이 가장 좋아하는 먹거리였어요.

와삭와삭. 아이구, 맛있다.

사과 한 알을 맛있게 먹고 배부른 한 자연인이 사과나무 밑동에 팔베개를 하고 누웠어요.

'흠. 내일도 이 맛있는 사과를 또 먹고 싶은데. 비바람이 불어 사과가 연못에 죄다 풍덩풍덩 빠져버리면 어쩌지? 옳지, 사과를 양껏 따서 내가 사는 동굴 안에 넣어두어야겠다. 그럼 내일도, 모레도, 글피도, 그다음 날도, 또 그다음 날도, 맛나게 먹을 수 있겠지.'

잠시 후, 냇가에서 목욕을 하고 사과를 따 먹으러 온 다른 자연인이 깜짝 놀랐어요. 아침에 볼 때만 해도 가지가 휘어질 만큼 주렁주렁 달려 있던 사과가 글쎄 절반밖에 안 남아 있는 게 아니겠어요!

'응? 사과가 다 어딜 간 거지? 이거 큰일인데.'

곰곰이 생각하던 이 자연인도 첫 번째 자연인과 같은 생각에 다다랐어요.

'그래. 이대로는 불안해. 더 없어지기 전에 내가 많이 따 가야겠다.'

다음, 그다음, 또 다음.

사과나무 앞에 오는 자연인들은 모두 깜짝 놀랐고, 불안한 마음에 욕심껏 사과를 따 갔어요. 얼마 안 가 사과나무 가지에는 사과가 한 알도 남지 않게 되었답니다.

다음 차례로 도착한 자연인은 그만 으앙, 울음을 터뜨리고 말았어요. 맛있는 사과를 먹으려고 오늘은 물고기도 안 잡았는데, 탐스럽게 달려 있어야 할 사과가 온데간데없지 않겠어요? 대체 사과는 다 어디로 간 거지?

사과를 먹지 못해 한동안 시무룩하게 누워 있던 자연인은 할 수 없이 물고기를 잡기로 했어요. 에잇, 물고기는 잡기도 어렵고 먹기도 귀찮은데. 그래도 어쩌겠어요. 나무 막대기를 하나 쥐고 어슬렁어슬렁 냇가로 내려갔지요. 냇가에는 다른 자연인 하나가 엎드려서 물을 마시고 있었어요. 그런데……
어? 옷자락이 동그랗게 불룩하네요?

옳거니, 물고기를 잡으려던 자연인은 손에 들고 있던 나무
막대기로 그 사람의 엉덩이를 내리쳤어요.

"으아악! 왜 이래!"

난데없이 두들겨 맞은 자연인이 벌떡 일어나 엉덩이를 감
싸 쥐고 팔짝 뛰어오르자, 옷자락 안에 들어 있던 사과 두 알
이 툭툭 떨어졌어요. 엉덩이를 때린 자연인은 신이 나서 사과
를 양손에 쥐고 도망쳤어요.

"아이고, 엉덩이야……. 그나저나 큰일이네. 나도 배가 고픈
데."

엉덩이에 멍이 시퍼렇게 든 자연인은 아픈 엉덩이를 한참
문지르다, 자기도 옷 속에 커다란 돌멩이를 감추고 다니기 시
작했어요.

'사과를 가지고 있는 놈이 보이면 나도 때리고 빼앗아
야지.'

그렇게 자연인들은 서로를 공격하기 시작했어요. 자다가도

아야, 습격을 당하고, 졸다가도 철썩, 따귀를 맞았어요. 누군가를 만날 때마다 저 친구가 나에게 언제고 몽둥이질을 할지 모른다고 생각하니 마음이 너무 불안했지요.

가장 좋은 방법은 내가 먼저 상대방을 힘껏 때리는 것이었어요.

상대방이 아이쿠, 얼굴을 감싸 쥐고 넘어졌을 때 얼른 도망가면 나는 아무 상처도 입지 않을 수 있었거든요. 그렇게 자연인들은 서로를 믿지 못하고 몸에 상처만 늘어갔답니다.

한편, 사과를 그득그득 따서 저장해 놓은 첫 번째 자연인의 동굴 속에는 새콤달콤한 향기가 진동하기 시작했어요. 동굴 바닥에 고인 예쁜 색깔의 액체에서 나는 향기였습니다. 와아. 사과가 맛있는 사과술로 변한 것이었어요!

"킁킁, 이게 뭐지?"

코를 대고 냄새를 맡아보다 혀로 살짝 핥아본 자연인의 눈이 휘둥그레졌어요. 생전 처음 맛보는 황홀하고 찌르르한 맛! 새콤달콤한 향에 홀려 홀짝홀짝 들이키다 보니 해롱해롱, 기분도 엄청나게 좋아졌어요. 자연인은 동굴 밖으로 나가 고래고래 소리를 지르고 신나게 노래를 불렀답니다.

"사과 같으으으으으은 내 얼구우우우우울~ 으헤헤헤헤헤헤헤!"

소문이 퍼지자 이제 자연섬의 사람들은 너도나도 사과보다 훨씬 맛 좋은 사과술을 원했어요. 이제는 사과술을 내놓으라며 서로 싸우기 시작했지요.

자연인들이 싸울 때, 평소에 조금 힘이 세고 약한 것은 크게 중요하지 않았어요. 아무리 약한 사람이라도 상대방이 사과술에 얼큰하게 취해 잠들었을 때 몰래 공격하면 상대는 꼼짝없이 당하고 말거든요. 힘이 약한 친구들은 상대를 때리는 대신에 꾀를 내기 시작했어요. 음식에 몰래 독버섯을 넣으면 아무리 곰처럼 덩치가 크고 힘이 센 자연인도 아이구 배야, 꾸르륵꾸르륵 배탈로 풀썩 쓰러질 수밖에 없었지요. 사과술에 취한 자연인들은 더욱더 격렬하게 싸웠습니다. 아악, 머리에서 피가 나고 으아악, 다리가 부러졌어요.

거기에다 싸움을 더욱 부채질한 건 그들이 믿는 해님과 달님, 별님이었어요. 해님을 숭배하는 자연인들은 달님을 숭배하는 자연인들을 저주하고, 달님을 숭배하는 자연인들은 별님을 숭배하는 자연인들을 증오했어요. 이들은 사과나 사과술을 서로 빼앗겠다는 목적이 없이도, 그저 믿는 것이 다르다는 이유로 서로에게 커다란 돌멩이를 던졌어요.

자연섬은 마치 지옥 같았습니다. 만나는 사람마다 묻지도 따지지도 않고 무기를 휘두르니, 사람들은 아무것도 할 수 없었어요. 잠도 잘 수 없었고, 물고기를 잡을 수도, 즐겁게 노래를 부를 수도 없었지요. 온몸 가득 멍들고 여기저기 부러진 자연인들은 하루라도 좋으니 마음 편히 발 뻗고 자보는 것이 소원이었어요. 아아, 이런 지옥 같은 삶에서 벗어날 수만 있다면! 그럴 수만 있다면 뭐든 할 수 있을 것 같았지요.

"이대로는 사는 게 너무 힘들어."

"이대로 가다가는 우리 모두 서로에게 맞아 죽고 말 거야."

"그래. 우리의 다툼을 막아줄 임금님을 모시기로 약속하자."

약속, 약속,

자연인들은 새끼손가락을 걸고 새 임금님을 모셔왔어요. 한 손에는 번쩍이는 칼을 들고 다른 손에는 해와 달과 별이 모두 새겨진 멋진 지팡이를 든, 아주 근엄해 보이는 임금님이었어요.

"위대한 왕이시여. 우리의 모든 힘을 당신께 맡기겠으니 우리가 평화롭게 살 수 있도록 우리의 싸움을 중재해 주세요."

그들은 임금님의 말에 무조건 따르기로 맹세했어요.

임금님이 칼과 지팡이를 높이 치켜들고 큰 소리로 외쳤어요.

"이제부터 사과는 하루에 한 알씩만 딸 수 있다. 내 칼이 보이느냐. 이를 어기는 자, 남의 사과를 훔치거나 빼앗은 자는 모두 감옥에 넣을 것이다.

또 해님, 달님, 별님을 믿는 자들이 서로를 해하려고 하면 벌을 받을 것이다. 이를 어길 경우, 해님을 믿는 자들은 뜨거운 햇빛 아래 땀을 뻘뻘 흘리며 하루 종일 서 있는 벌을, 달님을 믿는 자들은 달님이 떠서 다음 날 새벽에 질 때까지 잠들 수 없는 벌을, 별님을 믿는 자들은 눈앞에 별이 보일 만큼 배를 곯는 벌을 내릴 것이다."

무서운 임금님이 나라를 다스리고 질서를 바로잡자, 자연인들은 다시 발을 뻗고 푹 잘 수 있었어요. 물고기도 잡고, 사냥도 하고, 열매도 모을 수 있었습니다. 그림도 그리고 노래도 부를 수 있었지요. 새로 보금자리를 짓는 사람도 생기고 물물교환을 하는 사람도 생겨났답니다. 다툼이 있을 때마다 임금님이 중재해 주니 안심하고 장사도 할 수 있었어요. 그렇게 자연섬은 점차 사람들이 모여 함께 사는 곳으로 변해갔어요. 그리고 다음 해, 또 다음 해, 사과나무에는 사과가 탐스럽게 주렁주렁 열렸지만 아무도 욕심껏 따 가는 사람이 없었답니다.

아참, 이 임금님의 이름이 뭔지 알아요? 바로 '리바이어던' 이라는 이름의 임금님이에요. 이름이 괴상하지요? 여러분이 살고 있는 나라에는 어떤 임금님이 있나요? 그 임금님은 무서운 칼과 번쩍이는 지팡이를 든 임금님인가요?

친구들과 생각해 봐요

동화에는 임금님이 참 많이 나와요. 그런데 임금님은 무엇을 하는 사람일까요?

여러분이 살고 있는 나라에는 임금님 같은 사람이 있나요?

그 사람은 무슨 일을 하나요?

그 사람은 어떻게 그 자리에 있게 되었나요?

자연섬에 사는 원시인들은 서로를 믿지 못하고 죽어라 때리게 되었어요.

원시인들이 원래 마음씨가 나빠서 서로 싸우게 된 걸까요?

우리는 대체로 태어나면서부터 이미 어느 동네의 주민, 어느 나라의 국민이 되어 있곤 해요. 이걸 공동체라고 하지요.

이런 공동체가 없는 삶은 어땠을까요?

나라가 없다면 우리는 어떻게 살고 있을까요?

어른들과 함께 읽어요

17세기 영국 철학자 토머스 홉스Thomas Hobbes(1588~1679)의 유명한 **'만인의 만인에 대한 투쟁'**을 아이들 눈높이에 맞춰 설명한 이야기입니다. 홉스에 따르면 인간들은 능력이 엇비슷하므로 모두 비슷한 희망을 품게 됩니다. 나도 저것을 먹고 싶고, 나도 저것을 갖고 싶다는 생각. 오늘뿐 아니라 내일도 모레도 계속 누리고 싶다는 생각. 한편 세상의 재화는 한정적인데 인간의 욕망은 더 좋고 귀한 재화를 추구하는 쪽으로 점차 발전하게 됩니다. 사과에 만족하던 자연인이 사과술의 풍미에 눈을 뜬 것처럼요. 이런 상황에서 인간들은 서로를 불신하게 되어 만인의 만인에 대한 투쟁 상태에 빠지고, 그 참혹한 상황을 타개하기 위해 사회계약 social contract을 통해 리바이어던Leviathan이라는 정치적 권위체를 탄생시킵니다. 인간이 전쟁 같은 상황에 빠지게 되는 이유로 홉스가 중요하게 제시했던 것들, 즉 피비린내 가득했던 당시의 종교전쟁을 둘러싼 인간의 다양한 신념, 그리고 더 좋은 재화를 향한 인간의 끊임없는 욕망까지 이야기 안에 고루 담아두었습니다.

홉스는 어떻게 정치 공동체가 탄생하는지 설명하기 위해 '자연 상태State of Nature'라는 가설을 세웁니다. 이 자연 상태는 실제 인류 역사의 어느 한 부분이 아니라, 순수하게 머릿속에 그려보는 세상이에요. 인간들이 왜 혼자 살지 않고 정치 공동체 안에서 살게 되었는지 궁금하기 때문에 이런 상상을 해보는 것이죠. 이런 철학적 장치를 생각 실험, 혹은 사고 실험thought experiment이라고 해요. 앞서 살펴본 롤스의 '무지의 베일' 같은 것이 생각 실험의 대표적인 예죠. 홉스뿐 아니라 로크나 루소 같은 유명한 철학자들도 각각 자연 상태라는 생각 실험을 통해 '사회계약론'으로 일컬어지는 중요한 저서들을 남깁니다. 이 책에는 「숲속 마을에 생긴 일」이라는 제목으로 루소의 자연 상태에 관한 이야기도 들어 있으니 아이들과 함께 비교해 보셔도 좋겠습니다.

홉스의 자연 상태에서 전쟁 같은 상황이 발생하는 것은 사람이 악한 본성을 가졌기 때문은 아닙니다. **그저 모두가 공포와 불안을 가진 평등한 존재들이기 때문이에요.** 사과는 내일도 모레도 먹고 싶은데, 절대적인 힘을 가진 사람은 따로 없으니까요. 흔히 홉스는 성악설을 주장한 인물이라고 잘못 알려져 있지만, 그가 그리는 인간은 '악한 인간'이 아니라 '두려운 인간'입니다. 천성적으로 악한 존재가 아니라 똑똑하고 불안한 존재인 것이죠. 홉스는 인간의 욕망을 굉장히 심층적으로 파악했고, 인간 존재의 근원인 불안과 공포에 대한 뛰어난 통찰을 보여준 철학자입니다.

왠지 어둡고 고약한 사람으로 알려져 있지만 알고 보면 마키아벨리와 더불어 가장 오해를 많이 받는 철학자가 아닐까 생각합니다. 홉스는 다원주의, 정치권력의 기반으로서 동의의 중요성, 근대적 자유의 개념, 인간의 욕망과 공포에 대한 이해 등 굵직한 논점들을 남기며 근대 정치철학에 지대한 공헌을 했습니다.

온 세상과 싸우지 않고 스스로를 지키기 위해 인간은 '자연 상태' 대신 나, 리바이어던을 선택했지!

자연 상태의 인간은 '악한 인간'이 아니라 '똑똑하고, 욕망하고, 두려워하는 인간'일 뿐이에요.

저의 이미지 개선이 시급합니다!

3

사탕 공장의 한스

카를 마르크스, 소외와 착취

카를 마르크스 Karl Marx

　오토는 목수입니다. 나무로 가구 만드는 일을 특히 좋아하고 잘합니다. 오토가 만드는 의자는 정말 근사해요. 의자 다리에는 사람들이 좋아하는 꽃이나 덩굴을 조각하기도 하고, 등판에는 탐스러운 과일이나 귀여운 동물들을 새겨 넣기도 합니다. 가족들 이름이나 좋은 글귀를 측면에 새긴 아름다운 테이블은 마을 사람들이 자녀의 결혼 선물로 특별히 주문하곤 하는, 오토의 자랑입니다. 이렇게 멋진 아이디어들을 가진 데다 능력 있고 성실한 오토를 마을 사람들도 좋아하고 귀하게 여깁니다.

　오토는 이웃집에 식사 초대를 받아 갔을 때 자기가 만든 테이블이 오래 사용되어 반들반들 윤이 나는 모습을 보는 걸 좋아해요. 몸이 조금 불편하신 율리아 할머니가 자신이 정성껏 만들어드린 흔들의자에 편안히 앉아 계신 모습을 볼 때면 오토는 마음이 푸근해집니다. 길을 걷다가 지난 봄에 단단하게 짜드린 책장 앞에서 책벌레 루드비히 아저씨가 책을 고르고 있는 모습을 창문 너머로 보면 빙그레 웃음이 나지요. 남은 잡목으로 뚝딱 만들어준 궤짝을 엎어놓고 그 위에 맥주와 살라미를 놓은 채, 지나가는 오토에게 잔을 높이 들어 인사하는 친구 요하네스에게 오토도 손을 높이 들어 인사합니다.

오토는 자기가 만든 가구며 물건들로 동네 사람들과 끈끈하게 이어져 있다고 생각합니다.

그래서 자신이 목수인 것을 아주 자랑스럽게 여기지요.

한스는 그런 아빠가 자랑스럽습니다. 아빠는 한스에게 팽이도 뚝딱 깎아주고, 생일에는 근사한 마리오네트도 만들어줘요! 나도 커서 아빠처럼 근사한 가구랑 멋진 장난감을 만드는 사람이 되어야지, 한스는 다짐하곤 합니다. 지난 크리스마스에 한스는 아빠에게 배운 솜씨로 나무를 깎아 만든 작은 별을 엄마에게 선물했어요. 엄마는 세상을 다 가진 것처럼 웃었지요. 한스네 집은 더없이 평화롭고 행복했어요.

한스가 일곱 살이 되던 해, 옆 마을에 가구 공장이 들어섰습니다. 오토는 나무를 하나하나 톱으로 자르고 대패로 밀어 세심하게 모양을 다듬지만 거기에서는 기계로 위이이잉 뚝딱뚝딱 순식간에 원하는 모양대로 나무를 자를 수 있대요. 거기서 만든 의자며 테이블은 오토가 만든 것처럼 특별하고 아름답지는 않았지만 가격이 무척 저렴했어요. 오토가 만든 의자를 하나 살 돈으로 공장에서 만든 의자를 세 개나 살 수 있었거든요. 게다가 주문하고 한참을 기다릴 필요도 없이 언제든 돈만 주면 원할 때에 바로 사올 수 있었지요. 오토에게 들어오는 일거리는 눈에 띄게 줄었습니다. 한스네 식탁에는 먼저 소시지가, 그다음으로는 잼과 달걀이 차례로 사라져 갔어요.

한스가 열 살이 되던 해, 오토는 결국 그 공장의 노동자가 되었어요. 그것도 거기서 일하던 빌헬름 씨가 기계를 조작하다가 손을 크게 다치는 바람에 겨우 자리를 얻을 수 있었지요. 오토는 기계로 합판을 자르는 일과 의자 다리 붙이는 일을 하게 됐어요. 쉴 새 없이 합판을 자르다 보니 톱밥이 많이 날려서 오토는 콜록콜록 기침을 달고 살게 되었답니다. 네모지게 자른 나무 막대기를 정해진 위치에 박아 넣는 단조로운 일은 보람도 재미도 없었어요. 공장에서 생산된 의자는 근처의 커다란 도시 곳곳으로 실려가 판매되었는데, 누가 의자를 사 가는지도 알 수 없었지요. 그래서 예전처럼 내가 만든 물건들로 다른 사람들과 연결되는 느낌 같은 건 애초에 기대할 수 없었답니다. 동네 사람들은 이제 더 이상 예전처럼 오토를 '우리 목수'나 '뚝딱뚝딱 오토 씨'로, 한스를 '목수네 한스'나 '귀염둥이 작은 톱'이라고 부르지 않았어요.

오토는 예전만큼 쉬지도 못하고 한스에게 무언가를 만들어 줄 시간도 없이, 기침을 하며 그저 정해진 일을 꾸역꾸역 해내느라 바빴습니다. 시키는 대로 부지런히 일하지 않으면 어렵게 얻은 자리마저 잃을 수 있었거든요. 일은 고되었지만 급료는 박했습니다. 공장에서는 급료의 일부를 독한 싸구려 술 한 병으로 대신하기도 했어요. 예전에 장밋빛 뺨을 하고 콧노래를 부르며 대패질을 하던 오토는 이제 콜록콜록 기침을 하며 벌겋게 술에 취해 있는 날이 많아졌어요. 그러던 어느 날, 오토는 술이 덜 깬 채로 기계를 만지다가 그만 빌헬름 씨처럼 손을 크게 다치고 말았습니다. 공장에서는 예전처럼 빠르게 일을 하지 못하는 오토를 당장 자르고 요하네스를 냉큼 그 자리에 넣었어요. 공장에서 일을 하고 싶어 하는 사람들은 언제나 많았거든요.

그렇게 오토는 기계의 망가진 부품처럼 뚝딱 갈아 끼워졌습니다.

점점 어려워지는 집안 형편 때문에 한스는 열두 살이 되던 해에 사탕 공장에 들어갔어요. 삼십 분이나 꼬박 걸어야 갈 수 있는 곳이었지요. 그곳에는 비슷한 처지의 또래 친구들이 제법 많았지만, 같이 놀기는커녕 근무 시간에는 잡담조차 할 수 없었습니다. 그곳에서 일하는 꼬마들은 알록달록 고급 사탕을 만드는 일을 하지만 정작 자기가 만드는 것들을 한 번도 먹어보지 못했어요.

한번은 공장 사장인 마이어 씨의 딸 소피가 공장에 놀러 온 적이 있어요. 산뜻한 노란색의 예쁜 드레스 위에 따뜻해 보이는 두툼한 갈색 코트를 걸치고, 발에는 예쁜 장식이 달린 폭신한 겨울 신발을 신고, 머리엔 근사한 털모자를 쓴 소피. 한스는 예전에 엄마가 들려주시던 이야기 속 꼬마 공주님 같다고 생각했어요. 한스에게 못되게 굴던 작업반장은 소피에게는 설탕처럼 달콤하게 굴었어요. 글쎄 여기에 있는 그 어떤 사탕이든 마음껏 먹어봐도 좋다고 말하지 뭐예요! 소피의 작은 입 속으로 들어가는 과일 젤리를 보며 한스는 침을 꿀꺽 삼켰습니다. 소피는 한스를 보며 호기심 가득한 눈빛을 보냈지만 이내 샐쭉한 표정으로 마이어 씨의 손을 잡고 돌아섰어요.

그날은 한스의 마음이 유독 시렸습니다. 소피가 집에서 코스 요리를 배부르게 먹고 따뜻한 목욕을 한 뒤 넓은 거실에서 달콤한 사탕을 오물거리며 피아노를 치는 동안, 한스는 얼어죽을 것 같은 작업장에서 아침 여섯 시부터 밤 아홉 시까지 열다섯 시간 일을 한 뒤에 해진 신발을 신고 집까지 걸어와야 했거든요. 저 앞에 안나가 보이지만 부를 힘도 없습니다. 한스보다 두 살 어린 이웃집 안나는 벽지 제조 공장에서 일해요. 안나도 한스처럼 여섯 시부터 아홉 시까지 일하는데, 요즘 눈에 띄게 수척해지고 안색이 안 좋아 보여서 걱정이에요.

그동안 한스네 동네도 많이 바뀌었어요. 한스가 어렸을 때는 동네에 빵을 굽는 베커 씨네, 방앗간 뮐러 씨네, 재단사 슈나이더 씨네가 있었는데 지금은 베커 씨네 빵집만 겨우 살아남아서 빵을 팔아요. 사람들은 커다란 기계가 순식간에 빻아내는 밀가루를 사서 쓰고, 공장에서 만들어내는 옷을 싸게 사입어요. 물건들은 더 싸졌는데, 이상하게 사람들은 더 가난해졌어요. 동네에서 부자가 된 사람은 기계를 사서 직물 공장을 운영하는 리히터 씨뿐인데, 으리으리한 집을 지어 이사를 갔

45

지요. 뮐러 씨와 슈나이더 씨는 각각 직물 공장과 소시지 작업장에 다닙니다.

공장은 점점 커지고, 일손은 덜 필요해지고, 한스는 점점 더 배고파지는 이 비참한 상황.

이런 상황은 대체 어떻게 바꿀 수 있는 걸까요? 사탕 공장의 한스는 어떻게 하면 얼굴에 웃음을 되찾을 수 있을까요?

친구들과 생각해 봐요

혹시 초콜릿을 좋아하나요? 입에서 사르르 녹는 달콤한 초콜릿.

초콜릿의 원료인 카카오 열매는 서남아프리카에서 많이 생산되고 있어요. 그런데 혹시, 코트디부아르에서만 210만 명의 어린이들이 학교도 못 가고, 카카오 농장에서 무거운 칼이나 전기톱을 들고 하루 종일 높은 나무를 오르내리며 고된 일을 하고 있다는 이야기를 들어본 적이 있나요? 아이들 중 상당수는 초콜릿을 맛보기는커녕 정작 카카오 열매로 만든 초콜릿이 뭔지도 모른다고 해요. 내 손으로 사탕을 부지런히 만들고 포장하면서도 감히 먹어볼 엄두는 못 내는 사탕 공장의 한스와 비슷한 처지인 거죠. 이 아이들은 어떻게 이렇게 안타까운 상황에 놓인 걸까요?

우리가 읽는 동화 안에는 배부른 사람들과 가난하고 비참한 사람들의 이야기가 참 많이 나와요. 스크루지 아저씨와 성냥팔이 소녀를 생각해 보세요. 파트라슈의 친구 네로, 올리버 트위스트, 장발장…… 모두 어쩌다 그렇게 된 걸까요?

사탕 공장의 한스처럼 비참한 삶을 살지 않으려면 어떻게 하면 좋을까요?

아, 마이어 씨처럼 공장 주인이 되면 된다고요?

그것 말고 다른 방법은 없을까요?

어른들과 함께 읽어요

독일의 철학자이자 경제학자인 카를 마르크스Karl Marx (1818~1883)의 이론 중에서 **소외와 착취**의 개념을 다룬 이야기입니다. 마르크스 철학의 가장 큰 특징은 철학을 변혁의 도구로 생각했다는 점입니다. 그동안 다수의 철학자들이 세상을 다양한 방식으로 이해하고 설명하는 데 많은 관심을 기울인 데 반해, 구체적으로 행동하고 열정적으로 세상을 바꿔야 한다는 이야기를 한 철학자는 그리 많지 않았거든요. 철학의 진정한 존재 이유는 행동과 변화에 있다는 마르크스의 이 주장은 철학이 단지 머릿속에서만 이루어지는 차원을 넘어 실제로 세상을 바꾸는 **'행동의 학문'**으로 향하는 중요한 발걸음이 되었습니다.

마르크스는 노동을 인간의 본질에 깊이 관련된 것으로 파악했습니다. 사람이 일을 하면, 특히 인간적인 방식으로 일을 하면 행복해진다고 그는 생각했습니다. 나의 창조성과 개성을 드러낼 수 있어서 즐겁고, 내가 생산한 물건을 다른 사람이 사용하는 모습을 보며 보람과 기쁨을 느끼게 되고, 물건을 통해 다른 사람들과 관계를 맺으면서 공동체의 일원이자 인류의 일원으로서 존재 의미를 확보할 수 있다고요. 한스의 아빠인 오토의 이야기를 통해 나의 일이 어떻게 인간을 행복하게 만들고 인류를 따뜻하게 연결시키는지 살펴볼 수 있었을 것입니다.

마르크스는 그러나 자본주의 사회의 노동에서는 이런 깃들을 기대하기 어렵다고 지적합니다. 내가 만든 물건을 사용하거나 가질 수 없고, 내가 생산한 것들은 나와는 전혀 상관없는 세계에서 판매되는 데다, 단조롭고 비인간적인 생산 활동을 통해서는 보람이나 긍지를 느낄 수도 없으니까요. 무엇보다 비인간적인 작업 환경에서 끝없이 착취당하는 삶은 무척 불행합니다. 자본주의적 생산양식에서 사람들은 이렇게 스스로의 운명을 결정할 능력을 상실한 채 **기계의 부품과 같은 파편적인 인간**으로 전락하게 되는데, 이것을 마르크스는 **소외**alienation라고 불렀습니다. 오토와 한스가 공장에 취직한 후의 이야기가 바로 이 소외의 개념을 담고 있습니다.

한스와 소피와 안나의 이야기를 통해서는 마르크스가 왜 자본주의적 생산 양식에서 계급이 나뉘고 **착취**exploitation가 일어난다고 하는지 설명해 보았습니다. 이윤을 내기 위해 어떻게 사람들이 장시간의 노동에 시달리게 되는지, 기술 혁신의 달콤한 열매는 왜 노동자들에게는 잘 돌아가지 않는지, 처음에는 인간이 기계를 사용한다고 생각했지만 나중에는 왜 인간이 기계에게 쫓기는 신세가 되어 버리는지, 그런 논점들은 뒤에 이어질 '더 생각해 보기' 속에 고루 넣어보려고 했습니다. 자본주의를 그냥 날 것 그대로의 자본주의로 두면 인간의 삶은 이렇게 외롭고 거칠어질 수 있겠지요.

마르크스의 이론이 인류 역사에 남긴 유산은 꽤 큽니다.

어떻게 벌어서 먹고, 어떤 삶을 살 것인가!

나부터 행동하고 세상을 바꿔야 해!

행복하게 일하는 인간으로? 기계의 부품이 된 인간으로?

논리적 오류도, 적용상의 문제점도 있었지만, 우리가 어떻게 생산해서 먹고사는지가 우리 정신뿐 아니라 삶의 모습에 엄청난 영향을 미친다는 그의 말은 여전히 유효합니다. 봉건시대 농노들의 삶, 산업혁명 시대에서의 변화된 삶, 현대의 디지털 사회에서 우리의 삶. 물질과 기술과 정신이 맺는 관계 속에 보금자리를 짓고 있는 우리의 삶에 대해 잠시 돌아볼 수 있는 계기가 되었으면 좋겠습니다. 오늘날에도 무시무시하게 벌어져 있는 **빈부 격차**에 대해서도요.

더 생각해 보기

독일의 겨울밤은 차갑고 깁니다. 아홉 시면 이미 온 동네가 동굴 안에 던져진 것처럼 캄캄해요. 하지만 이야기 속의 한스와 안나는 어린이들이 잠자리에 들어야 할 시간까지 공장에 남아서 힘겹게 일을 하고 있어요. 대체 한스도 안나도 왜 이렇게 오랜 시간 일해야 하는 걸까요? 한스의 아빠가 목수이던 시절에는 그렇게 많은 시간을 일하지 않고도 집안 살림이 넉넉했는데 말이에요.

한스가 사탕 공장에서 오래 일해야 하는 이유는 공장 주인이 이윤, 즉 돈을 많이 남기기 위해서예요. 만약에 마이어 씨가 한스를 고용하면 하루에 급료로 5,000원을 주어야 하고, 한스는 1시간에 10개의 사탕을 만들어서 1,000원의 이윤을 낸다고 합시다. 마이어 씨가 이 조건에서 돈을 많이 벌려면 어떻게 하면 될까요?

답은 간단해요. 오래 일을 시키면 됩니다.

한스가 다섯 시간을 일해서 이윤을 내면 5,000원이니까, 한스가 다섯 시간을 일하면 마이어 씨는 그냥 그 돈을 모두 한스에게 주고 끝내야 하죠. 하지만 다섯 시간 이상으로 일을 시키면 나머지는 죄다 마이어 씨의 몫이 되는 거예요. 6시간 일을 시키면 1,000원이 남고, 7시간 일을 시키면 2,000원, 8시간 일을 시키면 3,000원이 남겠죠. 그러니까 15시간 일을 시키면 마이어 씨는 10,000원을 벌게 되는 거지요.

마이어 씨가 이윤을 내는 방법은 또 있어요. 새로운 기계를 들여와서 더 빨리, 더 많이 만드는 거예요. 앞에서 한스가 하루에 5,000원을 받고 일을 하면서 1시간에 사탕 10개를 만들어 1,000원의 이윤을 낸다고 했었지요. 이 말은 사탕 하나당 100원의 이윤이 생긴다는 말이에요. 10개가 1,000원이니까 하나는 100원, 그렇죠? 한스가 1시간에 10개를 만들 수 있으니까 15시간 동안 일을 하면 한스는 사탕을 150개 만들 수 있겠죠. 그러면 하루에 생길 수 있는 매출은 150개×100원이니까 15,000원. 여기에서 한스가 하루치 일한 돈을 빼야 하니까 15,000원(매출)-5,000원(한스의 급료)=10,000원(이윤). 그래서 마이어 씨가 10,000원을 벌게 되는 거였어요.

그런데 자동화된 기계를 사용하면요? 기계를 쓰면 한 시간에 사탕 20개를 생산할 수 있어요. 그러면 똑같이 15시간을 일해도 15시간×20개=300개, 즉 두 배의 사탕을 만

54

들 수 있는 거예요. 그러면 매출이 300개×100원이니까 30,000원. 여기에서 한스의 급료 5,000원을 빼면 마이어 씨의 이윤은 25,000원이 되는군요. 이렇게 새로운 기술을 적용해서 생산성이 향상되면 노동시간을 늘리지 않고도 공장 주인이 훨씬 많은 돈을 벌 수 있어요. 우와, 그러면 한스는 급료를 더 올려 받고, 휴식시간도 좀 길게 가질 수 있겠어요!

아, 근데 뭐라고요? 그게 아니라고요?

사려는 사람의 수는 일정한데 원래는 하루에 150개 만들어지던 사탕이 하루에 300개씩 만들어지면 무슨 일이 일어날까요? 사탕에 가격 경쟁이 붙기 시작해요. 같은 손님을 두고 내 물건을 팔기 위해서 값을 싸게 부르는 거죠. 100원이 아니라 80원에 사탕을 팔 테니 내 것을 사가라고 하는 공장 주인들이 생기는 거예요. 그러면 사탕의 값은 점점 싸지고, 그러면 마이어 씨가 갖게 되는 몫은 점점 줄어들게 되는 거죠. 흠. 마이어 씨에게는 좀 미안하게 되었네요. 아, 그런데 말이에요. 사탕 가격이 싸졌으니까, 한스도 이제는 사탕을 사 먹을 수 있게 되지 않을까요? 그건 좋은 일이 아닐까요?

안타깝게도 급료는 사람들의 생활비를 기준으로 매겨져요. 상품들의 가격이 싸지면 결국 급료도 떨어지게 되는 거지요. 게다가 기계는 대체로 사람들의 일을 보다 단순하고 편하게 만드는 방향으로 작동하거든요. 그러면 한스가 맡는 일도 단순해져요. 원래는 손을 복잡하게 움직여서 포장을 하다가 이제는 기계 안에 사탕과 비닐만 넣으면 된다고 해볼까요. 일이 단순해지면 그만큼 사람들의 품삯도 싸지게 마련이에요. 이렇게 쉬운 일을 하는데 5,000원도 아깝다, 이러면서 마이어 씨가 한스에게 돈을 덜 주겠다고 할 수 있는 거죠. 그리고 한스 대신 얼마든지 다른 사람으로 바꾸기도 쉬워지고요. 무엇보다 기계가 많은 일을 대신하게 되면 일자리는 더 줄어들 수 있겠지요.

이런 상황에서 어떻게 한스네 가족에게 웃음을 되찾아 줄 수 있을지, 어떻게 하면 사라진 소시지와 잼과 달걀을 다시 한스네 식탁에 올려줄 수 있을지 생각해 봅시다. 머리를 쓰느라 힘들었으니 우리 사탕이라도 하나씩 까먹으면서 생각해 볼까요.

4

엄마, 나는 커서 엄마가 되는 거야?

시몬 드 보부아르, 제2의 성

시몬 드 보부아르 Simone de Beauvoir

"야구우? 니 지금 야구라 캣나? 가시나가 야구우우?"

할머니는 귀가 밝습니다. 눈이 침침해 글자도 잘 안 보인다고 하시던데, 눈이 안 좋아지면 귀가 더 밝아지는 걸까요? 엄마한테 야구하러 나가고 싶다고 속삭이듯 조르는 지수의 말을 귀신같이 알아들으셨습니다.

"택도 없는 소리허고 있네, 쪼매난 가시나가. 고무줄도 아니고 무슨 야구를 한다꼬. 그른 거 할 시간 있으믄 느그 동생이나 봐라. 가시나가 여덟 살이나 됐으믄 이제 느그 음마 도와가 집안일도 하고 그래야지, 어데."

"오빠는 동생 안 보고 축구하러 나갔는데요?"

"느그 오빠는 머스마잖아! 머스마들은 공 차고 노는 거지 얼라를 우째 보노! 니도 나중에 음마 될 낀데 어렸을 때부터 동생 잘 봐주면 좋다 아이가.”

“오빠가 나보다 힘도 더 센데 왜 동생을 못 봐요? 오빠도 나중에 아빠 될 건데 지금부터 동생 잘 봐주면 좋겠네!”

“이 가시나가 지금 뭐라 카노. 야야, 니 누구 닮아 이라노. 느그 아빠는 어렸을 때 안 이캤다. 어디 으른한테 꼬박꼬박.”

때 맞춰 승원이가 토실토실한 손으로 할머니 얼굴을 만지자 할머니 얼굴이 활짝 펴졌습니다.

“승원아, 니는 할매한테 안 그랄 끼지? 응? 우리 장군이. 우째 이래 잘생겼노. 어이구, 이뻐라.”

할머니가 집에 와 계십니다. 동생 승원이가 곧 돌잔치를 하거든요. 할머니는 같은 여자면서 왜 오빠랑 남동생만 예뻐하는지 몰라요. 나이 드신 분들은 원래 다 그런가? 우리 학교 급식 나눠주시는 아주머니도 남자애들한테만 밥이랑 고기 반찬을 많이 주시던데.

“엄마, 나 나가도 돼?”

“저 가시나가 참말로. 이래 이쁜 동생이랑 안 놀아 줄 끼가. 내는 다섯 살 때부터 동생들 다 업어 키웠다. 그라고 가시나는 놀아도 집에서 노는 기다. 어데 자꾸 밖에 나갈라꼬.”

부엌에서 과일을 깎으시던 엄마가 과일 접시를 들고 나와 할머니 앞에 놓습니다.

"어머니, 그만하세요. 지수는 제가 잘 가르칠게요."

"어멈, 니 내 말이 서운나? 다 니 도와주라꼬, 도움 되라꼬 하는 소리데이."

"아유, 어머니, 그런 거 아니에요."

엄마가 카디건을 챙겨 입고 지갑을 들며 말합니다.

"어머니, 간장이 똑 떨어져서 요 앞 슈퍼에 잠시 다녀올 건데 승원이 좀 잠깐 봐줄 수 있으시죠? 지수야, 지수는 엄마 장 보는 거 도와줄래?"

"집에서 살림하는 여자가 그래 장을 떨어뜨리면 쓰나. 미리미리 사두야지 그런 건. 메주 띠아서 만들어야 되는 것도 아니고 요새는 세상 편해져서 다 돈 주고 사기만 하믄 되는 거를."

☙

집을 나서자 따뜻한 햇빛이 지수를 와락 안아줍니다. 바람도 서늘한 게 딱 야구하기 좋은 날씬데. 아이 참.

"지수야, 누구랑 야구하려고 그랬어? 같이 야구하기로 한 친구 있어?"

"……."

"우리 지수 또 혼자 벽에다 공 던지는 연습 하려고 그랬어?"

"……응."

슈퍼 가는 길에 있는 작은 공터에는 축구 경기가 한창입니다. 오빠가 빨갛게 열이 오른 얼굴로 뛰고 있는 모습을 보고 엄마가 방긋 웃습니다. 동네 공터는 늘 공을 가지고 등장하는 남자애들 차지입니다. 학교 운동장도 그래요. 지수랑 친구들이 먼저 신나게 얼음땡을 하고 있어도 축구공을 든 오빠들이 몰려오면 지수네는 구석으로 찌그러져야 합니다. 여자라고 끼워주지도 않아요. 아니, 자기들이 전세 냈나. 교장 선생님께서 분명 학교의 주인은 모든 어린이들이라고 했는데.

수퍼에 들른 엄마는 파릇파릇 매운 파와 노란 머리를 꼬부린 콩나물 한 봉지를 장바구니에 담고는 아이스크림이 담긴 냉장고 앞에 섰습니다.

"우리 이제 아이스크림 하나씩 사서 놀이터 가서 먹을까?"

"엄마, 간장은 안 사?"

"간장? 집에 많은데 왜? 아… 아니야, 맞다. 한 병 사가야겠다. 엄마가 깜빡했는데 우리 지수 똑똑하네!"

엄마가 희한한 표정으로 간장을 골라 계산을 마쳤어요.

길 건너 아파트 단지에 있는 놀이터에 가니 그래도 여자애들이 제법 많습니다. 이 중에 야구를 좋아하는 친구는 없으려나? 지난주 학교에서 '나의 꿈 그리기' 시간에 야구선수를 그렸더니 남자애들뿐 아니라 여자애들도 신기해했어요.

"지수 너 야구선수가 꿈이야? 와. 너 야구 잘해? 난 한 번도 안 해봤는데."

"야구선수? 여자가?"

"야, 너 그거 못 해."

"왜 못 해?"

"여자 프로야구 리그가 어딨냐?"

아이 참. 왜 여자 프로야구 리그는 없는 거지? 축구는 있는데.

선생님께서 이제 곧 여자 프로야구 리그도 생길 거라고, 멋있다고 지수를 응원해 주셨지만 당장 우리 학교 어린이 야구부도 여자를 안 받아주는데 어디서 연습해서 프로 리그에 가지? 우리 반에도 당장 야구가 좋다는 여자 친구는 없는데. 오빠처럼 매일매일 친구들과 함께 어울려서 야구를 할 수 있다면 얼마나 좋을까. 지수는 학교 야구부에서 야구를 하고 휴일에는 친구들과 어울려서 축구도 할 수 있는 오빠가 부럽습니다. 착한 오빠는 지수와 곧잘 캐치볼도 해주고 공 치는 연습을 하라며 공도 던져주지만, 오빠 친구들과 하는 경기에 끼워주지는 않습니다. 친구들이 여자라고 싫어한대요.

나도 남자로 태어났으면 좋았을까?

🌀

장난기 가득한 초가을 바람이 살랑거리며 지수의 코끝을 간질이고 지나갑니다. 엄마랑 벤치에 앉아서 아이스크림을 입에 물고 있으니 기분이 좋습니다. 엄마는 누가바, 나는 설레임.

"아, 맛있다. 엄마는 누가 뭐래도 누가바가 제일 좋아. 지수는 설레임 먹으면 설레나?"

"어후, 엄마! 웬 아재 개그."

엄마가 해님 같은 노란 웃음이 듬뿍 묻은 얼굴로 지수를 쳐다봅니다.

"지수야, 우리 지수는 뭐 할 때 제일 설레?"

"음…… 아빠가 공 던져주고 내가 타석에 섰을 때."

"아, 지수는 야구할 때 제일 행복하고 설레는구나."

"응. 엄마, 근데 나는 커서 엄마가 되는 거야?"

엄마는 아까 간장을 살 때보다 더 희한한 표정을 하고 나를 쳐다봅니다.

"응?"

"나는 프로야구 선수가 되고 싶은데, 여자 프로야구 리그는 없잖아. 아까 할머니도 나는 커서 엄마 된다고 그러고. 크면 엄마가 돼야 돼?"

"커서 엄마만 될 수 있는 건 아닌데… 근데 엄마가 되는 건 싫어?"

"아니, 난 엄마 좋아. 근데 엄마는 따로 되고 싶은 거 없었어?"

해님 같았던 엄마 얼굴이 조금은 가을바람 같아졌어요.

지수는 엄마가 핸드볼 선수였다는 것을 알고 있습니다.

"엄마는 지금 이렇게 승준이랑, 지수랑, 승원이의 엄마라서 너무 좋아."

"히히. 나도 엄마 좋아."

히히 웃으니 아이스크림을 쪽쪽 빨아먹느라 홀쭉해진 볼이 다시 동그랗게 부풉니다.

"엄마는 예전에 핸드볼을 했는데……. 알지? 저번에 TV에서 올림픽 경기하는 거 엄마랑 봤지? 엄마 엄청 잘했다? 근데 엄마 뱃속에 오빠가 생기면서 그만하게 됐어. 운동선수랑 엄마를 같이 하는 게 어렵거든."

"엄마, 지금 다시 하면 안 돼? 엄마는 엄마만 하고 싶어?"

"음……. 글쎄."

"엄마는 어렸을 때 뭐가 되고 싶었어?"

엄마는 다 먹은 아이스크림 막대를 입에 꾹 물고 잠시 생각에 잠기는 듯했어요.

설레임을 입에 물고 조금은 설레는 마음으로 대답을 기다리는 지수의 얼굴을, 엄마 손가락 같은 바람이 부드럽게 어루만져 줍니다.

"엄마가 어렸을 때 뭐가 되고 싶었더라……."

엄마가 하늘에 떠 있는 구름 같은 표정으로 잠깐 생각에 잠기더니 이내 씩 웃었어요.

"생각났다! 우리 엄마 아빠도 안 물어봐 주던 걸 우리 딸이 물어봐 주네. 엄마는 선생님이 되고 싶었어."

"근데 왜 선생님 안 했어?"

"어 그게, 집에 돈이 그렇게 많지 않았거든. 그래서 셋 중에서 딱 한 명만 대학교에 갈 수 있었어. 그래서 엄마랑 이모가 외삼촌에게 양보를 해야 됐는데, 그게…… 지수는 이해를 잘 못하겠지만 그때는 그런 게 있었어. 엄마도 사실 되게 속상했는데, 할머니 할아버지가 엄마 어렸을 때부터 '대학에 가는 건 막내뿐이다, 막내뿐이다' 귀에 딱지가 앉게 얘길 하는 바람에 나중엔 그냥 그런가 보다 했지 뭐."

"삼촌만 아들이라서?"

"……응."

엄마가 코를 찡긋거리며 살짝 웃었어요. 지수는 덩달아 속상한 마음이 들었습니다.

"근데 엄마도 대학교 나왔잖아. 그치?"

지수가 묻자 엄마가 또 한 번 씩 웃었어요. 지수는 엄마가 씩 웃는 얼굴이, 동생 승원이가 잠에서 깨어 자기를 보고 웃는 얼굴이랑 닮았다고 생각합니다.

"응! 운동을 잘하면 대학교 갈 수 있었거든. 대학 가고 싶어서, 엄마 진짜 열심히 했어. 돈도 많이 안 드는 운동이라 할머니 할아버지도 좋아하셨고. 엄마 공 잘 던지는 거 지수도 알

67

지? 승원이 좀 더 크면 엄마가 지수랑 야구 많이 해줄게. 엄마 사실 아빠보다 훨씬 잘 던진다! 사실 엄마가 맨날 아빠 봐주느라 살살 던지는 거야. 히히히.”

엄마의 아이 같은 웃음에 지수도 먹던 아이스크림을 입에서 빼고 헤헤 웃었어요. 엄마가 공을 잘 던지는 사람이 된 건 진짜 좋지만, 그래도 엄마가 안쓰럽다는 생각이 들어서 지수는 엄마 왼손을 잡고 조물거리기 시작했어요.

“외삼촌은 좋았겠네. 하고 싶은 거 해도 됐으니까.”

“그게…… 사실 삼촌도 하고 싶은 거 못 했어.”

놀라서 눈을 동그랗게 뜬 지수 얼굴을 보면서 엄마가 말했어요.

“삼촌은 사실 그림을 그리고 싶어 했는데, 할아버지가 못하게 하셨어. 남자가 무슨 미술이냐고, 공부 열심히 해서 판검사 해야 된다고. 그래서 너희 삼촌이 맨날 숨어서 만화 그리고 그랬는데, 그게 진짜 재밌었거든! 우리 팀에 가져가면서로 먼저 보겠다고 아주 난리였지. 돌려보면서 다들 엄청 웃었는데. 삼촌도 사실 마음고생 많이 했지. 장남이라고 기대가 커서……”

“엄마, 우리 집 장남은 오빠지? 나만 딸이고.”

엄마가 퍼뜩 당황한 얼굴로 말했어요.

"지수야, 근데 지수는 그런 걱정 안 해도 돼. 엄마가 별 얘기를 다 했네. 지수랑 승준이랑 승원이는 뭐든지 하고 싶은 거 할 수 있게 엄마랑 아빠가 도와줄 거야. 엄마 얘기는 옛날 얘기야. 지금은 안 그래. 지금은 여자라고 그런 거 없고, 지수 하고 싶은 거 뭐든지 할 수 있어."

"진짜? 근데 나는 지금도 좀 그런 것 같은데… 나 야구선수 되고 싶은데, 다 이상하게 생각하는 것 같아. 웃는 애들도 많고. 여자는 그런 거 못 한대."

"지수는 진짜 야구선수가 꿈이야?"

"응."

"……그래……. 좋아. 엄마가 도와줄게. 엄마가 지수 꿈 엄청나게 응원해 줄 거야."

"헤헤. 엄마, 엄마는? 나도 응원할래. 엄마는 뭐가 되고 싶어?"

"응?"

"엄마가 되면 이제 다른 꿈은 못 꿔?"

또 다시 희한한 얼굴로 지수를 쳐다보던 엄마가 이내 활짝 웃으며 지수를 꼬옥 안아줍니다.

"고마워. 엄마가…… 진짜 생각도 못 했는데. 너무 고마워, 우리 딸. 근데 일단은 우리 이제 집에 갈까? 할머니 기다리시겠다. 승원이 울고 있을지도 몰라."

볼을 부비며 지수를 안고 있던 엄마가 지수 손을 잡고 일어섰어요. 지수는 엄마 손을 잡고 걸어가면서 엄마의 꿈도 이루어지면 좋겠다고 생각합니다. 엄마가 커서 선생님이 되면 좋겠다고요.

◆

"걸스 앤 볼스(Girls and Balls)요?"

"네. 방과 후 수업이 이미 시작됐지만 늦게라도 꼭 시작해 보고 싶어요, 선생님. 어떻게 해야 좋을지 모르겠어서 일단 선생님을 뵈러 왔어요."

그로부터 일주일 후 월요일. 지금 지수는 학교 운동장에 서 있습니다. 지수를 데리러 온 엄마가 하교 지도를 마친 담임 선생님을 붙들고 종이를 한 장 내밀었어요. 엄마가 내민 종이를 받아든 선생님은 조금 당황하신 듯합니다. 저 멀리 유니폼을 입은 오빠 모습이 보입니다. 오빠는 오늘 야구부 연습이 있거든요.

"여자애들이 공을 갖고 노는…… 그런 건가요?"

"사실 교내에 여자애들로 구성된 팀을 하나 만들고 싶긴 한

데……. 일단은 그냥 공이랑 친해지는 시간을 만들려고요. 여자애들도 공을 갖고 노는 즐거움을 알았으면 좋겠고, 팀 플레이가 얼마나 재미있는 건지 그 맛을 꼭 알려주고 싶어요. 지금 있는 발레나 리듬체조도 좋지만, 여자애들도 공을 갖고 운동장에서 건강하게 뛰어놀 기회가 있으면 좋겠는데… 야구나 축구 이런 게 꼭 남자만 하란 법은 없잖아요."

"아, 네. 어유. 그럼 너무 좋죠. 근데 어머니께서 직접요?"

엄마는 수줍어 볼이 빨갛게 되었지만 계속해서 말을 이어갔어요.

야구라니! 곁에서 보고 있는 지수의 심장이 콩닥콩닥 뛰었어요.

"네……. 제가 사실은 핸드볼 선수를 했어요. 청소년 대표를 한 적도 있고, 체전도 많이 나갔고요. 첫째 낳기 전까지 실업팀에서 뛰었거든요. 그리고 대학 때 유소년 스포츠지도사 자격증 딴 것도 있어요. 이 정도면 방과 후 수업 강사로 자격이 될까요?"

"어머, 그러셨어요! 그럼 괜찮을 것 같은데……."

"이미 프로그램이 진행되고 있으니까, 이번 학기에는 혹시 신청하는 아이들이 있으면 토요일 오전에 1시간이나 1시간 반 정도 그냥 무료로 해볼까 해요. 공 같은 건 이미 다 학교에 있을 테니까."

"어휴, 아니에요. 아이디어도 너무 좋은 데다가 이렇게 애쓰시는데 무료라니요. 지금 아직 10월 초니까요. 제가 일단 이거 꼼꼼히 읽어보고, 담당하시는 선생님들께 잘 말씀드려 볼게요."

"근데 그게…… 첫 학기 수업은 무료로 해야 아이들이 좀 오지 않을까요? 이런 말씀 좀 그렇지만 공놀이에 돈 써가며 여자애들 보낼 집이 얼마나 있을지 모르겠어서……."

"아, 그런 생각을 하셨구나……. 어머님 생각은 잘 알았으니까 한 번 진지하게 논의해 볼게요. 제가 생각했을 때 학교

측 반응은 좋을 것 같은데."

"그럴까요?"

"네. 애들이 얼마나 올지가 문제긴 한데… 학교에 얘기가 잘 되면 홍보는 제가 책임지고 도와드릴게요. 아우, 어머니, 근데 어머니 너무 멋지세요! 고맙습니다."

상기된 엄마 얼굴에 수줍은 미소가 번집니다. 지수는 엄마 손을 꼭 잡고 서서 엄마가 정말 근사하다고 생각했어요. 우와, 우리 엄마 최고다.

그때, 갑자기 아기 울음소리가 들리기 시작했습니다.

"으앙, 아아아앙……!"

선생님의 눈길이 막 잠에서 깨어나 유아차 안에서 칭얼대는 승원이에게로 옮겨갔어요. 미소가 환하게 걸려 있던 선생님 얼굴에서 미소가 살며시 사라지고 눈빛에 걱정이 드리웠습니다. 마치 해님이 반짝반짝 빛나다가 구름에 가려진 것처럼요.

"아… 어머니, 그런데 지수 동생이 이렇게 어린데 괜찮으시겠어요?"

아, 맞아. 승원이가 있었지. 승원이는 누가 보지? 할머니가 또 부산에서 오시는 건가? 그럼 가시나가 공놀이 한다고 야단하실 텐데… 엄마도 분명 혼날 텐데……. 지수의 머릿속도

갑자기 부산스러워지기 시작했어요. 그때 엄마의 시원스러운 목소리가 들렸습니다.

"걱정 마세요. 제가 다행히 남편이 있고요, 하하하. 정 어려운 날이 있으면 유아차 끌고 와서라도 할게요. 돌도 지났고 이제 슬슬 밖에서 놀아도 될 나이거든요."

선생님과 엄마가 마주 보고 밝게 웃습니다. 지수 얼굴에도 덩달아 웃음꽃이 활짝 피었습니다. 아, 엄마가 일할 땐 아빠가 승원이를 볼 수 있는 거구나. 내가 왜 그 생각을 못 했지?

❀

"당신이 방과 후 수업을 한다고? 언제부터?"

시청에서 근무하시는 아빠는 집에 일찍 오는 편이라 보통 저녁을 같이 먹습니다. 그러고 나서 다시 나갈 때도 많지만요. 그거 아세요? 아빠는 같은 시청 소속팀이었던 엄마 경기에 응원을 나갔다가 엄마가 공 던지는 모습에 반해서 엄마를 따라다녔대요. 지수도 그 말을 듣고 엄마가 실제로 유니폼 입고 공 던지는 모습을 얼마나 보고 싶었는지 몰라요.

"일단 학교에서 허가는 났고, 애들 모집되는 거 봐서. 얼마나 올지 모르겠네."

"승원이는 어떻게 하고?"

"이제 수유도 끝났고, 당신이 토요일 오전에 2시간 정도는 봐줄 수 있잖아. 그치?"

"어…… 토요일 오전……."

아빠가 계란말이를 입에 넣고 우물거리며 눈을 이리저리 굴립니다.

"나도 이제 나가서 운동 좀 하자. 야구는 일요일이니까 괜찮겠지?"

"어, 어……."

아빠는 사회인 야구팀 IC 엔돌핀스의 투수를 맡고 있습니다. 지수는 일요일마다 아빠를 따라 경기를 보러 가는데, 아빠가 멋진 폼으로 삼진을 잡는 모습을 보면 늘 가슴이 두근두근해요. 엔돌핀스 아저씨들은 야구를 좋아하는 지수를 엄청 귀여워합니다. 가끔 공도 던져주고, 타격 폼도 고쳐줘요. 아이스크림 사 먹으라고 용돈도 주시고요.

"아빠, 제발요."

지수가 간절한 눈빛으로 두 손까지 모으고 있는 모습을 보자, 아빠 얼굴에 빙그레 웃음이 피어납니다.

"그래, 그러지 뭐! 이제 불금은 없네. 하하하."

김치 그릇으로 기를 쓰고 손을 뻗는 승원이를 뒤로 떼어 내면서 엄마가 말합니다.

"이봐요. 나는 당신 없을 때 맨날 승원이 보느라 속에서 열불 나는 불금이었거든요? 승원아, 이제 아빠가 토요일마다 승원이랑 신나게 놀아준대. 승원이 좋겠다!"

"토요일 몇 시야?"

"아홉 시부터 열 시까지. 근데 앞뒤로 준비도 좀 하고 정리도 하고… 또 오고 가는 시간도 있어야 하니까 여덟 시 반부터 열 시 반까지 좀 부탁할게."

"알았어. 여긴 걱정 말고 잘해 봐. 내가 다른 거 더 도와줄 건 없어?"

"글쎄. 나중에 본격적으로 수업하게 되면 당신도 좀 도와주러 오면 좋지. 그거랑 상관없이 승원이 유아차 태워서 당신도 종종 놀러 와."

"엄마, 나도 도와줄게! 공 나가는 거 주워주고 그러면 엄청 도움될걸?"

옆에서 김 싸 먹던 오빠가 참기름 묻어 번들번들한 손을 번쩍 들자, 엄마가 국 한 숟갈을 입에 넣고 환하게 웃습니다.

"우와, 진짜? 엄마가 그럼 우리 아들을 특별 도우미로 써야겠다. 여보, 지수 선생님이 진짜 좋은 분이더라고. 내가 원래 무료로 한다고 했거든. 그래야 애들이 좀 올 것 같아서. 근데 수업료는 무료로 하더라도 어머니께서 강사비로 꼭 얼마라도 받았으면 좋겠다고 학교에 말해서 지원금을 받아내셨지 뭐야. 그래서 나 돈도 받는다! 우리 도우미, 엄마가 월급도 줘야겠다!"

"그거 잘됐네."

"엄마 진짜? 와! 나 얼마 줄 거야?"

"얼마나 잘하는지 일단 엄마가 좀 보고 생각해 볼게. 하하하."

지수 마음속에 분홍빛 구름 같은 것이 몽글몽글 피어나는 느낌입니다. 평소에는 잘 안 먹던 시금치도 오늘은 왠지 단 것 같아요. 엄마도 기분이 좋은 듯 연신 말이 많습니다.

"대학 때 어렵게 필기 보고 연수 시간 채워가면서 자격증 따길 진짜 잘한 것 같아. 나 1학년 들어가자마자 우리 주장 언니가, 우리나라에서는 여자가 선수로 오래 뛸 환경이 안 된다고 해서 거의 억지로 딴 건데."

"선견지명이 있는 선배였네."

"응. 남자들은 안정적인 선수 생활을 위해 결혼한다지만, 여자들은 결혼하고 엄마가 되면 은퇴가 당연한 것처럼 되어 있으니… 간만에 연미 언니한테 전화나 해봐야겠다. 언니도 어디서 애들 가르친다고 했던 것 같은데……. 노하우도 듣고,

나도 언니처럼 계속 일할 수 있는 곳이 있는지도 물어보고. 일단은 이것부터 잘 시작해야지. 근데 수업에 애들이 얼마나 모일지 모르겠네."

"무료라며. 그럼 엄마들이 애들 많이 보내지 않겠어? 토요일 오전에 TV 보고 늦잠 자느니……."

"아… 애들이 많이 올까, 엄마? 그랬으면 좋겠다."

자수 마음 속에 살살 걱정이 꼼지락거립니다. 혹시 엄마랑 나만 있는 건 아니겠지?

"오빠는 좋겠다. 이런 걱정 안 해도 되잖아. 여자는 야구 좀 하고 싶어도 너무 어려운 게 많아. 남자들 부러워."

"야, 그런 소리 마. 여자가 세상 살기 훨씬 편해."

재미있다는 얼굴로 쳐다보는 엄마 아빠에게, 오빠가 입을 삐죽거리며 말을 이어갑니다.

"우리 반에 나보다 키 큰 여자애들 진짜 많은데, 무거운 거 있으면 우리가 다 들어야 돼. 그리고 남자랑 여자랑 같이 욕하고 싸워도 선생님은 우리 얘기는 듣지도 않고 꼭 우리만 혼낸다? 여자애들 괴롭힌다고. 그리고 혼나서 억울해도 울지도 못해. 사내자식이 그깟 일로 운다고."

지수는 오빠가 얘기하느라 정신없는 틈을 타서 맛있는 어묵볶음을 열심히 공략합니다.

"야구부에 준영이 형이라고 6학년 형 있는데, 그 형 동생이 우리 반이거든, 서민영. 형이 그러는데, 똑같이 성적 떨어져도 형만 엄청나게 혼난대. 너는 사내자식이 그래서 어디 나중에 식구들이나 먹여 살리겠냐고."

"진짜? 아하하하하."

엄마 웃음보가 빵 터졌습니다.

"그리고 또… 우리는 나중에 군대도 가야 되고… 머리도 맨날 짧게 잘라야 하고."

그러고 보니 생각이 났습니다. 오빠가 어렸을 때, 머리를 길러보고 싶다고 해서 조금 길렀다가 할머니한테 아주 크게 혼난 적이 있어요. 설날에 만난 할머니는 머스마가 망측스럽게 무슨 꼴이냐고 소리를 꽥 지르셨지만, 지수는 오빠가 머리를 길렀을 때 같이 미용실 놀이를 할 수 있어서 정말 좋았거든요. 앞머리에 앵두 모양 핀을 꽂고 사과 머리를 한 오빠 모습을 엄마가 사진으로 남겨두었는데, 지금 봐도 귀여워요. 그때 다행히 설 연휴로 미용실 연 곳이 없어서 오빠의 긴 머리는 비밀리에 조금 더 유지될 수 있었답니다. 할머니가 한 손에 가위를 들고 다른 손에는 바가지를 들고 와서 오빠 머리를 잘라준다는 걸 엄마 아빠가 뜯어말렸거든요. 오빠는 사실 지수 발레복 입어보는 것도 좋아했습니다. 거울 앞에 서서 빙그르르 돌면서 낄낄거리던 오빠. 제일 좋아하는 색도 분홍색이었는데, 그래서 맨날 지수랑 분홍색 접시를 놓고 다퉜는데, 이제 분홍색은 쳐다도 안 봅니다. 여자 색이라고요.

"너 기르고 싶으면 머리 다시 길러도 돼."

엄마의 말에 오빠가 고개를 절레절레 흔듭니다.

"됐어. 애들이 여자 같다고 엄청 놀릴 거야."

걸스 앤 볼스 수업 신청서가 하나둘 모이기 시작했어요. 담임 선생님이 특별히 만들어 전교에 돌린 가정통신문 덕분인지, 다행히 엄마랑 지수 둘뿐은 아닐 것 같은 느낌! 엄마는 새로운 이름이 도착할 때마다 꼭 사탕을 받은 아이 같은 얼굴로 이름과 학년을 외우고 또 외웠습니다. 1학년이 세 명, 2학년이 네 명, 3학년과 4학년이 각각 두 명씩. 아쉽게도 5, 6학년 언니들은 없지만 엄마는 지수까지 열두 명이면 딱 좋다며 기뻐했습니다. 실력도 엇비슷할 테니 잘됐다고요.

햇살도 눈부신 토요일. 운동복을 입고 모자를 쓰고 목에 호루라기를 건 엄마는 지수 어깨가 으쓱해질 정도로 멋져 보였습니다. 엄마는 학교 운동장 스탠드에 색종이와 사인펜, 그리고 테이프가 든 바구니를 갖다 놓았습니다. 체육 선생님께 미리 열쇠를 받아둔 오빠가 하얀 배구공이 가득 든, 바퀴 달린 볼 박스도 드르륵 밀고 왔어요. 엄마는 수업 시간에는 엄마한테 꼭 존댓말을 써야 한다고 지수와 오빠에게 당부했습니다.

"걸스 앤 볼스 선생님이세요?"

"아…… 네!"

선생님이라는 말에 엄마 볼이 금세 빨갛게 물들었습니다. 말을 걸어온 아주머니 옆에는 노란 운동복 차림에 머리를 예쁘게 땋은 친구가 있어요. 지수 또래 같습니다.

"선생님께 인사해야지. 안녕하세요, 하고."

"안녕하세요오."

"응, 안녕!"

"선생님, 저희 예나가 앉아서 그림 그리는 것만 좋아하고 영 뛰어놀지를 않아서……."

"아, 1학년 3반 이예나구나! 반가워. 잘 왔어. 우리 재미있게 놀자."

예나라는 친구는 지수 엄마가 반과 이름을 불러주자 토끼처럼 눈이 커져서 엄마 얼굴을 바라보며 조그만 목소리로 묻습니다.

"엄마, 선생님이 나 알아?"

"응, 선생님이 예나 보고 싶어서 이름 다 외웠지. 어머니, 통신문에 적힌 대로 선크림 잘 바르고 왔죠?"

"네."

"오늘 그림도 그릴 거라, 예나가 아마 좋아할 거예요. 아이 보내 주셔서 고맙습니다. 어머님도 원하시면 오늘 저희랑 같이 공 던지고 수업하셔도 돼요."

"네? 저도요? 아유, 치마 입고 슬리퍼 신고 왔는데……."

"괜찮아요. 전혀 문제없어요. 물론 어머님 원하시면 집에 가서 쉬셔도 좋고요."

예나라는 아이가 활짝 웃으며 엄마 손을 잡아끌고 조르기 시작했습니다. 모녀가 다정하게 실랑이를 하는 모습을 엄마가 미소를 띠고 바라봅니다. 스탠드 부근이 제법 북적입니다. 친한 친구로 보이는 4학년 언니 둘이 함께 왔고, 어른들과 함께 온, 좀 더 작은 여자아이들도 많아졌어요. 엄마는 아이들을 데려온 어른들에게 함께 운동하지 않겠느냐고 물었습니다. 권유를 받은 어른들의 눈은 너나없이 동그래졌어요. 함께 온 아빠나 할머니들은 대체로 집에 가셨고, 몇몇 엄마들이 그냥 수업을 참관하겠다며 조금 떨어진 계단에 앉았습니다. 함께 수업을 받기로 한 엄마도 넷이나 돼요. 예나네 엄마도 결국 예나한테 졌는지 예나 옆에서 선크림을 바르고 있습니다.

엄마의 호루라기 소리와 함께 드디어 수업 시작!

엄마가 목록에 있는 열두 명의 이름을 하나하나 부르면서, 미리 만들어온 커다란 이름표 스티커를 나눠주었어요. 학년과 이름이 큼지막하게 쓰여 있는 스티커는 눈에 잘 띄도록 모두 배 부분에 붙이기로 했습니다.

"제 이름은 한신애입니다."

엄마가 큰 소리로 말하면서 스티커를 붙인 배를 우스꽝스럽게 내밀자, 몇몇 아이들이 까르르 웃었어요. 특별 도우미로 소개를 받은 오빠는 몹시 자랑스러운 얼굴로 자기소개를 했습니다. '아니, 스스로 야구부 에이스라고 소개하는 건 좀 오버 아냐?' 지수는 이렇게 생각하면서도 새어 나오는 미소를 감추지 못하고 크게 박수를 쳤습니다.

"오늘 수업 같이하시는 어머님들께서도 여기 스티커에 이름을 써서 붙여 주실까요? 잠시만요, 제가 펜 드릴게요."

스티커를 건네받은 한 아주머니가 묻습니다.

"누구 엄마, 이렇게 쓸까요?"

"다들 따님과 닮으셔서 누구 엄마인지는 말씀 안 하셔도 알 것 같으니까요, 이름으로 써주세요. 다들 이름은 있으시죠?"

엄마가 장난스럽게 웃으며 바구니 안에서 펜을 찾느라 뒤적거립니다.

"여기, 사인펜 받으시고요. 아, 이왕이면 따님들이 엄마 이름 예쁘게 써서 붙여 주면 좋겠네요!"

아까부터 유난히 웃음이 많았던 아주머니 한 분이 큰 소리로 웃으며 고자질합니다.

"어우, 선생님, 스티커 하나 다시 주세요. 딸래미 키워놨더니 엄마 이름도 제대로 못 써요!"

"아, 엄마! 쫌!"

와하하하, 수업을 참관하는 사람들도 웃음이 터졌습니다.

"각자 펜이랑 색종이 두 장씩 받았죠? 자, 보세요. 여기 노란색 종이에는 내가 제일 싫어하는 것, 내가 제일 멀리하고 싶은 걸 그리세요. 어휴, 꼴 보기 싫어서 그리기도 싫다, 그러면 그냥 글씨로 써도 괜찮아요. 연두색 종이에는 내가 제일 좋아하는 사람, 사랑하는 사람 얼굴을 커다랗게 그려주세요."

재미있다는 듯 작은 술렁거림이 일어납니다. 지수는 색종이를 앞에 놓고 생각에 잠겼습니다. 내가 싫어하는 것? 음…… 오이? 아니면 시험? 아니면…… 아, 생각났다. 그리고 좋아하는 사람은…… 히히.

"야, 너 지금 이게 우리 오빠 얼굴이라고? 장난해?"

"야, 그러는 너는! 오빠 옆에 반짝반짝 표시만 그리면 다냐? 대체 이거 누구야. 와 나 진짜 어이없어."

"어후, 그럼 어떡해. 너무 잘생겨서 그리기가 어려운데……. 이 잘생김은 피카소가 와도 못 그릴걸."

4학년 언니들은 좋아하는 연예인 얼굴을 그리나 봅니다. 폰을 꺼내놓고 사진을 보며 신이 났습니다. 웅성웅성. 까르르. 멀찍이 앉아 있던 엄마들 몇이 궁금했는지 가까이 와서 앉습니다.

"자, 다 그린 사람은 여기 앞으로 와서 테이프로 종이를 공에 붙여 주세요! 두 개를 한꺼번에 붙이는 게 아니라, 공 하나에 종이 한 장씩요. 시간은 3분 더 드릴게요! 시간 없으면 그냥 글씨로 써도 괜찮습니다."

볼 박스 안에 노란색과 연두색이 조금씩 섞이기 시작했습니다. 지수는 그렇게 들어 있는 배구공들이, 솔솔 뿌려 먹으면 맛있는 가루를 섞은 쌀밥 같다고 생각했어요.

"자, 모두들 자기 공을 볼 박스 안에 다 넣었죠?"

"네에!"

"그러면 이제 본격적으로 시작해 볼까요. 먼저 두 사람씩 짝을 지어서 몸풀기 체조를 할 거예요. 키가 맞아야 되니까, 일단 같은 학년끼리 짝을 지어볼까요? 어머님들은 어머님들끼리요. 거기 앉아 계신 어머님들 더 오셔도 됩니다! 오셨는데 이왕이면 몸 좀 풀고 가세요. 운동하고 싶어도 시간 내기 힘드시잖아요."

엄마의 권유에 핸드폰을 들여다보고 있던 엄마들 몇이 더 내려와 운동장에 섰습니다. 지수는 아까 만났던 예나와 짝을 지었습니다. 그새 볼이 약간 빨개진 예나는, 쭈뼛거리던 아까랑은 달리 엄청 잘 웃는 예쁜 친구였어요.

"자, 전체적으로 몸을 풀어주는데요. 특히 허리와 어깨를 부드럽게 잘 풀어주세요."

모두들 엄마랑 오빠를 보면서 호루라기 소리에 맞춰 손잡고 옆구리 늘이기, 허리 돌려서 옆 사람과 손뼉 치기, 서로 어깨 잡고 눌러주기, 하늘 보기 체조 등을 차례로 했습니다. 콩쥐팥쥐 체조를 할 때는 여기저기에서 으아아아 신음소리가 터져 나왔어요. 한 엄마가 다른 엄마를 깔아뭉개며 바닥에 넘어지자 또 한바탕 웃음이 터졌습니다.

"자, 이제 이쪽으로 모두 모이세요. 제가 여기에서 노란 공을 하나씩 꺼낼 거예요. 자기 공이면 나와서 여기 이 원 안에서는 거예요. 자, 이 공! 이거 누구 거예요?"

엄마가 공 하나를 골라 그림을 보여주자 단발머리를 한 2학년 언니가 약간 부끄럽다는 듯이 손을 들고 나왔습니다.

"아, 아진이 거구나. 아진이가 뭘 그린 건지 다들 맞춰 볼까요?"

"시험지!"

"공부하는 거!"

아진이 언니가 수줍게 고개를 끄덕였어요.

"공부? 시험?"

"시험이요……."

"아, 아진이는 시험이 싫구나. 나도 어렸을 때 시험 보는 거 정말 싫어했는데. 근데 시험 공부를 하면서 많이 배우기는 한 것 같아. 자, 여러분. 첫 번째로는 누구에게도 반갑지 않은 시험이 나왔는데요. 아진아, 아진이가 싫어하는 만큼 아주 멀리, 저 멀리로 공을 던져볼까? '시험, 저리로 가버려…!' 하고. 한 손도 좋고, 두 손도 좋아요. 저기, 승준이 오빠 서 있는 쪽으로 힘껏 던지면 돼."

저 멀리에 오빠가 서 있습니다. 팔에 힘이 없는 듯한 아진 언니가 공을 땅에 내리꽂자 엄마가 웃었습니다.

"어후, 그렇게 땅바닥에 패대기를 칠 만큼 싫구나. 아진아,

87

근데 이렇게 하면 시험이 아직 아진이 가까운 데 있는 건데? 팔을 이렇게, 이~렇게 하면 더 멀리 보낼 수 있어. 다시 한번 저 멀리로 보내볼까?"

아까 체조하다 다른 엄마를 깔아뭉갠 아주머니는 남편 얼굴을 그려서 또 한 번 사람들을 웃겼습니다.

"저희 남편은 집안일은 하나도 안 하고 아침 내내 늦잠 자고 있어요. 내가 그냥 확 깔고 앉았어야 되는데."

와하하하하하하하.

다음 그림은 맞추는 데 모두 애를 먹었습니다. 결국 아무도 맞추지 못하고 그림을 그린 지선 언니에게 답을 묻자, 들릴락 말락 아주 작은 목소리가 새어 나왔습니다.

"이거… 따돌리는 거예요."

"아……."

잠깐 당황했던 엄마가 급히 말을 이었습니다.

"와, 따돌리는 거, 이거 진짜 너무너무 나쁜 거죠? 절대 있어서는 안 되는 건데. 우리 이거 저 멀리 우주로 보내버리게 다 같이 하나 둘 셋 해줄까요?"

"하나, 둘, 세엣!"

"와, 지선이 공 진짜 잘 던지는구나! 선생님 진짜 깜짝 놀랐어! 와, 최고!"

엄마가 엄지손가락을 치켜올리자 지선 언니 얼굴에 수줍은 미소가 피어납니다. 자리로 돌아간 언니의 등을 한 엄마가 반기며 다정히 쓸어줍니다.

지수의 차례.

그림을 본 엄마 얼굴이 오묘하게 변했습니다. 미소를 꾹 참고 있는 엄마를 보며 지수도 싱긋 웃었습니다.

"이건 뭘까요?"

"저요! 만화 같은데요?"

"와, 어린이가 만화를 싫어할 리가 없죠. 그건 아닌 것 같고, 그치?"

지수가 고개를 끄덕였어요.

"할머니 같은데? 할머니!"

"맞아요!"

지수가 손가락을 들며 큰소리로 말하자 사람들이 궁금하다는 얼굴로 설명을 기다립니다.

"지수는 할머니가 싫어?"

"아니…… 할머니가 싫은 게 아니고 할머니 잔소리가 싫어

요."

"아, 이 말풍선 안에 꼬불꼬불한 게 할머니 잔소리구나!"

몇몇 사람들이 고개를 끄덕입니다.

"할머니가 뭐라고 잔소리를 하시길래?"

"할머니가 여자애는 야구 못 한다고 혼내요. 집에서 동생이나 보래요. 그리고 맨날 뭐만 하면 가시나는 그런 거 하는 거 아니래요."

"어우! 우리 할머니도 그러시는데!"

4학년 언니 하나가 살짝 맞장구를 쳐주었습니다.

"우리 지수는 그런 잔소리가 너무 듣기 싫었구나. 그럼 준비하고, 할머니 잔소리를 저 멀리 우주로 던져버리는 거야! 자, 하나, 둘, 셋!"

박수 소리와 함께 제법 멀리 시원하게 뻗는 공을 보며 지수는 왠지 기분이 좋아졌습니다.

🌼

자꾸 괴롭히는 남자애, 주사, 피망이랑 브로콜리, 뱃살, 학원 숙제, 엄마랑 아빠랑 싸우는 것… 싫어하는 게 뭔지 함께 듣다 보니 부쩍 친해지는 느낌이 들었습니다.

한 번씩 차례가 돌아가자 엄마가 공 던지기 시범을 보였습니다.

"자, 다들 잘 던졌는데요. 공을 던질 때는 세 가지를 생각하면 더 멀리 보낼 수 있어요. 상체, 하체, 그리고 각도. 오늘은 큰 공이지만 다음에는 다양한 종류의 공을 가지고 올 거예요. 공의 크기와 무게에 따라서 조금씩 던지는 방법이 달라질 수 있거든요. 우선 첫 번째, 팔의 힘만으로 던지는 게 아니고요……."

엄마는 다양한 예를 보여주면서 공을 열 개나 던졌습니다. 마지막에 엄마가 힘껏 던진 공은 로켓처럼 날아갔습니다. 와아아아아아. 아이들의 눈이 동그래지고 엄마들은 탄성을 질렀어요. 스탠드에 앉아 있던 엄마들이 오빠를 도와 공을 주우러 내려왔습니다. 이제 스탠드는 텅 비었습니다.

"자 설명을 들었으니까, 이번에는 일렬로 서서 공을 아까보다 더 멀리 던진다고 생각하고 던져 볼까요? 던진 다음에는 빨리 뛰어가서 자기 공을 주운 다음 이쪽으로 다시 던지세요. 땀이 날 정도로 빨리 뛰어가는 거예요! 자, 그렇게 왔다 갔다 세 번씩 반복! 총 여섯 번을 던지는 겁니다!"

모두들 헉헉거리며 돌아왔습니다.

이제는 연두색 종이가 붙은 공 차례입니다.

"자, 이번에는 제가 던져주는 공을 받을 거예요. 자기 공이 나온 사람은 저 쪽 원 안에 들어가서 공을 받는데요. 자기한테 가장 중요한 사람, 좋아하고 사랑하는 사람이니까 떨어뜨리지 말고 잘 잡아야 돼요!"

첫 차례로 4학년 재연 언니가 나왔습니다.

언니는 춤이면 춤, 노래면 노래, 연기면 연기, 못하는 게 없는 지민 오빠를 좋아한대요.

"너 우리 오빠 땅에 떨어뜨리면 죽는다아!"

옆에 붙어 있던 단짝 언니가 소리쳤어요.

"자, 재연이가 좋아하는 지민 오빠 날아갑니다. 달려가서 꼭 안으세요!"

엄마가 큰 소리로 외치며 던진 공은 부드러운 포물선을 그리며 날아갔지만, 언니는 허둥지둥 당황하다 공을 놓쳐버렸어요. 언니가 "악, 오빠!" 하고 꽥 소리를 지르며 달려가서 공에 묻은 먼지를 털자 모두들 웃었어요.

좋아하는 친구, TV에 나오는 멋진 오빠들, 가족, 선생님…….

엄마들은 모두 약속이라도 한 듯이 함께 나온 딸들 얼굴을 그렸고, 어쩌다 그 공이 바닥에 떨어지면 공의 주인공이 비명을 질렀습니다. 지선 언니는 쉬는 시간마다 놀러 온다는 1학넌 때 친구 얼굴을 그렸어요. 엄마 얼굴에는 환한 웃음이 촛불처럼 켜졌고, 언니는 공을 잘 잡아 가슴에 꼭 안았습니다.

드디어 지수 차례.

"이건 누구예요?"

엄마가 묻자 지수가 약간 수줍은 얼굴로 대답했어요.

"……엄마."

"응?"

"엄마요."

"아, 엄마를 그린 거야?"

"네. 저는 엄마가 되고 싶어요."

"응? 뭐라고?"

"저는 엄마 같은 사람이 되고 싶어요!"

지수가 큰 소리로 얘기하자 엄마 얼굴이 꼭 생일 선물을 받은 아이처럼 발갛게 변했습니다.

"지수 엄마는 진짜 행복하네요. 자, 엄마가 지수한테 날아갈 거예요. 꼭 잡아서 안아주세요!"

엄마가 활짝 웃으며 던진 공이 지수를 향해 날아갑니다.

지수도 활짝 웃으며 엄마 얼굴을 향해 팔을 벌리고 뛰어갑니다.

친구들과 생각해 봐요

우리는 모두 성별을 가지고 있어요.

내가 여자라면, 나는 여자인 것에 대해 어떻게 생각하나요?

어떤 점이 좋고, 어떤 점이 싫은가요?

내가 남자라면, 나는 남자인 것에 대해 어떻게 생각하나요?

어떤 점이 좋고, 어떤 점이 싫은가요?

다른 성별을 부러워해 본 적이 있나요? 다른 성별이 되고 싶다고 생각해 본 적은요?

여자라면 이래야지, 남자라면 그러면 안 돼. 혹시 이런 말을 들은 적이 있나요?

그런 말을 들었을 때 기분이 어땠나요? 그런 말들이 나의 행동을 바꾸었나요?

여자다운 어린이, 남자다운 어린이, 여자답고 남자다운 특징을 고루 갖춘 어린이.

어떤 어린이가 가장 마음에 드나요? 그 이유가 궁금해요.

그런데 말이에요. 여자다운 것, 남자다운 것, 이게 과연 뭘까요?

어른들과 함께 읽어요

20세기 프랑스 철학자이자 작가인 시몬 드 보부아르Sim-one de Beauvoir(1908~1986)의 **"여자는 그렇게 태어나는 것이 아니라 만들어진다**One is not born, but rather becomes a woman**"**라는 유명한 주장을 동화 형식으로 풀어보았습니다. 이 동화를 공개했을 때 특히 어머니 독자들의 반응이 뜨거웠던 기억이 납니다. 왜 읽는 내내 눈물이 났는지 모르겠다던 분도 계셨고, 기울어지다 못해서 서볼 수조차 없었던 운동장을 동화로 접하니 좋았다는 말씀을 주신 분도 계셨어요. 어린 딸에게 읽어주겠다고, 나도 딸과 같이 꿈꾸고 싶다는 말씀도 전해 받았지요. 그런 이야기들을 듣는 제 마음도 물컹했습니다.

여성적 특징으로 흔히 우리가 일컫는 것들로는 무엇이 있을까요. 이 질문에 부드러움이라든가 섬세함, 돌보고 배려하는 경향 같은 것들을 떠올리는 사람도 있겠지만 보부아르는 여성들에게 덧씌워진 부정적인 특성들을 주르륵 나열합니다. "이기적이고, 연기에 능하고, 부도덕하고, 멍청하고, 수동적인", 게다가 결정적으로 "평생 아이 같은". 하지만 여성이 애초에 그런 특성을 가지고 태어나는 것이 아니라, 사회의 고착화된 시선에 따라 학습되고 길든 것이라는 게 보부아르의 주장입니다.

　1949년에 출간된 『제2의 성 The Second Sex』(1949)은 여성주의 이론의 선구자적 작품으로 어마어마한 영향력을 남겼습니다. 그간은 그저 사적이고 개인적인 것으로 여겼던 젠더와 가족 문제를 공적·정치적 문제로 공론화시킴으로써 50~60년대 첫 여성주의 이론 물결의 물꼬를 튼 책이죠. 여성주의 활동가들은 **"개인적인 것이 정치적인 것이다The personal is the political"**라고 주장합니다. 인간의 자유나 사회적 정의 같은 중요한 정치적 문제들을 제대로 다루려면, 인간과 사회의 가장 기본이 되는 개인적 관계들부터 짚어야 한다는 것이죠. 가족 관계나 연애, 결혼같이 기존에는 사적 영역으로 치부했던 관계들 말입니다. 19세기 프랑스의 정치철학자이자 역사가였던 토크빌도 『미국의 민주주의 Democracy in America』(1840)라는 책에서 미국의 여자아이들은 남자아이들과 다를 바 없이 자유롭고 씩씩하게 자라지만, 결혼을 하면 마치 감옥이나 수도원에 들어간 것처럼 살게 된다고 말했거든요. 이런 상황에서 결혼과 가족이라는 것을 그저 개인적인 사적 관계로 치부하고 내버려 두면서 인간다움이라든가 자유, 정의 같은 중요한 문제들을 논하기는 어렵겠죠.

실존주의라는 철학 사조를 들어보셨을 겁니다. 보부아르와의 특별한 관계로 유명했던 장 폴 사르트르^{Jean-Paul Sartre}(1905~1980)가 대표적인 실존주의자로 꼽힙니다. "타인은 지옥이다"라는 말로도 유명한 철학자죠. 실존주의 철학은 인간을 인간답게 만드는 중요한 특성으로 자유를 꼽습니다. 보부아르는 인간이 자유로우려면 어떤 일을 선택할 수 있는 권한과 독립성이 있어야 하는데, 여성의 경우 이것이 없다는 사실에 초점을 맞추어 실존주의로부터 여성주의 이론의 발판을 마련합니다. 여성들이 사회적으로나 경제적으로 남성들로부터 독립하지 못하고, 스스로의 선택이 아닌 남들이 기대하는 역할에 맞춘 선택을 하며 살아가는 것, 즉 평생 아이처럼 사는 것. 이는 인간으로서 자유와 존엄성을 누리며 살지 못하는 것이므로 결국 인간다운 삶이 아니라는 거죠.

제목이 '제2의 성'인 이유는 **여성의 타자화**와 관련이 깊습니다. 타자화라는 용어가 조금 낯설 뿐, 알고 보면 늘 우리 곁에 있는 익숙한 내용입니다. 예를 들어 남자들을 언급할 때는 '인간들, 사람들, 우리들' 같은 포괄적인 보통 명사를 사용하지만, 여성들을 지칭할 때는 꼭 성별을 밝히는 꼬리표가 붙는다는 점. 남자는 그냥 교사나 경찰이라고 부르면서 여자는 여교사나 여경이라고 부르는 것처럼 말입니다. 일상적인 대화에서도 남자가 이상한 짓을 하면 "그 사람 왜 그래?" 하는데 여자가 그러면 "그 여자 왜 그래?" 하는 경우가 많잖아요. 즉 남자가 기본이 되는 성이고 여자는 부차적인 제2의 어떤 것으로 생각된다는 말이죠.

여자로 만들려는 사회, 자기를 둘러싼 그런 방향성에 의

학교에서도, 일터에서도, 가정에서도, '여성다움', '남성다움'을 강요받지 않기를.

인간으로 태어나 인간으로 자라고 인간으로 살아가기를.

문을 갖는 아이, 그리고 그 가운데서 서로의 꿈을 응원하며 함께 나아가는 엄마와 딸의 이야기를 통해 아이들이 성별의 차이와 성 역할에 대한 생각을 펼쳐보기를 바랍니다. 잊지 말아야 할 중요한 점은, 꼭 여자만 만들어지는 게 아니라 남자도 사회적인 압력과 기준에 의해 만들어지곤 한다는 점이지요. 그런 문제의식은 오빠 승준이와 외삼촌 이야기에 담아내려고 했습니다.

다들 여자로, 남자로 사느라 고생들이 많습니다. 여자답게, 남자답게 사는 것보다는 인간답게 사는 것에 초점을 맞추는 사회가 되면 좋겠습니다.

5

동굴 밖으로 나온 필로와 소피

플라톤, 동굴의 우화

플라톤 Plato

필로와 소피는 일곱 살, 그리고 다섯 살. 동굴에 살고 있는 호기심 많은 꼬마들입니다. 태어나서 지금까지 계속 깊고 깊은 커다란 동굴 안에서 살고 있어요.

동굴 속에는 열 명의 사람들이 더 있습니다. 필로와 소피처럼 모두들 태어날 때의 기억은 없고 언젠가부터 이곳에서 살고 있지요.

동굴 속은 편안해요.

따뜻하고 조용하고, 기분 좋게 어둑어둑합니다.

동굴은 필로와 소피에게는 세상의 전부랍니다.

이 동굴에 사는 사람들의 한쪽 팔목에는 긴 사슬이 묶여 있
어요. 그 사슬 끝은 동굴 안에 있는 커다란 바위 아래 놓여 있
지요. 그 바위는 모든 사람이 힘을 합쳐도 꼼짝하지 않는, 아
주 아주 커다란 바위예요.

그래서 사람들은 동굴 밖으로 나갈 수 없답니다. 사슬이 넉
넉하게 길기 때문에 동굴 안을 다니는 데 큰 불편은 없지만,
가끔 사슬이 꼬이곤 해요.

꼬인 사슬을 다시 푸는 일은 동굴 속 사람들에게는 재미있

는 놀이입니다. 특히 필로와 소피는 뱅글뱅글 돌며 사슬을 꼬았다가 푸는 놀이를 아주 좋아해요.

하지만 역시 가장 재미있는 것은 동굴 벽에 보이는 신기한 세상이에요!

하루 세 번, 동굴 벽에 세상이 보일 시간이 되면 모두 벽 앞에 모입니다. 조로록 놓인 의자에 차례로 앉아서, 머리를 동그랗게 감싸는 튼튼한 쇠모자를 써요.

의자에 몸을 깊이 넣고 앉으면 딸깍 딸깍, 손과 발에 자물쇠가 새로 채워지고 벽 쪽만을 바라볼 수 있게 만들어진 단단한 모자가 고정됩니다.

쇠로 만든 모자가 불편하지 않냐고요?

전혀요. 예전부터 써와서 익숙해요.

게다가 모자에 연결된 빨대에서는 맛있는 수프가 나오거든요. 세상을 보는 시간은 동굴 사람들의 식사 시간이기도 합니다. 필로와 소피, 그리고 동굴 속 사람들은 그 쇠모자에서 나오는 수프를 먹고 살아요.

사람들은 동굴 벽에 보이는 세상 이야기를 정말 좋아해요. 깔깔깔 웃기도 하고, 눈물을 뚝뚝 흘리기도 한답니다.

해님도 달님도 별님도, 그리고 비바람과 바다도, 필로와 소피는 동굴 벽에 보이는 이야기를 통해 배웠어요.

백설공주 이야기도 보고, 아기돼지 삼형제 이야기도 보고, 우리가 사는 이 동굴을 만들었다는 위대한 옛 어른들의 이야기도 보았지요. 하지만······.

필로와 소피는 동굴 밖 세상이 궁금했어요.

바람은 뭘까? 맞으면 아픈 걸까?

비는 차가울까, 따뜻할까? 비를 맞는 건 어떤 느낌일까? 간지러울까?

바다는 얼마나 클까? 우리 동굴을 세 개쯤 합친 것만큼 클까?

"바깥세상은 어떤 거예요? 새가 높이 날아다닌다고 했는데, 박쥐랑은 다른 건가요? 저는 아름답다는 밤하늘의 별을 보고 싶어요."

필로가 말했어요.

"큰일 날 소리. 바깥세상은 정말 무서운 곳이야. 이 동굴 밖을 나가는 순간 무서운 사자가 기다리고 있다가 너를 홀랑 잡아 먹는다구. 게다가 얼마나 추운지 몰라. 동굴 안은 이렇게 따뜻하고 안전한데 말이지."

검 할아버지가 말했어요.

"사과는 어떤 맛이에요? 우리는 왜 아기돼지들처럼 집을 짓고 살지 않아요?"

소피도 물었어요.

"사과? 그거 우리 수프 안에 다 들어 있는 맛이란다. 힘들여 씹지 않아도 되고 소화도 잘 되는 수프를 그냥 떠먹여 주니 얼마나 좋으냐. 그리고 집 같은 건 필요 없어. 우리 동굴은 바람에 날아갈 위험이 전혀 없이 안전하고 튼튼하지."

열 할머니도 거들었어요.

그런 건가?

그러던 어느 날이었어요.

필로와 소피는 그날도 둘이 손을 높이 치켜들고 뱅글뱅글 돌며 사슬을 힘껏 꼬았다가 푸는 놀이에 열중하고 있었지요. 아프지 않냐고요? 동굴 속 사람들은 모두 사슬을 찬 쪽 팔목에 굳은살이 생겨서 아프지 않아요.

두 꼬마가 몸무게를 실어 한껏 사슬을 꼬고 있는데, 어라?

툭, 툭.

필로와 소피의 손목에 있던 사슬이 그만 툭툭 끊어져 버리고 말았어요!

아, 이걸 어쩌지.

109

"쉿!"

필로가 입에 손가락을 갖다 대며 황급히 소피에게 속삭였어요.

"소피, 나에게 좋은 생각이 있어. 어른들에게 알리지 마. 우리 동굴 밖으로 한 번 나가보지 않을래?"

"진짜? 검 할아버지가 동굴 밖에는 사자가 있다고 했잖아."

"음, 그건……. 그럼 동굴 입구에 숨어 있다가 몰래 바깥만 보고 들어오자. 너도 밤하늘의 별이 보고 싶지 않아?"

"보고 싶어. 꽃향기도 맡아보고 싶어. 바다, 나는 바다도 보고 싶어!"

"그럼 말이지……. 이렇게 하자."

둘은 머리를 맞대고 속닥속닥, 어른들의 눈을 피해 몰래 밖으로 나갈 방법을 생각했어요.

좋아, 그렇게 하면 되겠다.

⟡

우선은 사슬이 끊어지지 않은 것처럼 보여야 했어요. 필로는 끊어진 부분을 모아서 손에 꼭 쥐고 앉아, 동굴 바닥에 그림을 그리면서 이야기 시간만을 기다렸어요. 소피는 일찍 잠

자리에 누워 이불을 덮었지요.

드디어 이야기가 시작될 시간!

필로는 소피를 깨워 오겠다며 동굴 끝으로 갔어요.

"필로야, 소피야! 어서 오렴."

"할머니, 소피가 깊이 잠들어서 깨지를 않아요. 저도 속이 좀 안 좋으니 오늘은 옆에서 일찍 잘게요."

"그래? 많이 아프니?"

"아뇨, 조금 자면 괜찮을 것 같아요. 아까 소피랑 너무 놀아서 피곤하기도 해요."

"그래, 그럼 그러려무나."

필로와 소피는 꼬마들이라 저녁을 거르고 일찍 잠자리에 들 때가 종종 있어요. 그래서 어른들은 크게 의심하지 않았지요.

필로와 소피가 잠이 든 척 편안한 숨을 고르게 뱉어내자, 열 할머니는 살금살금 아이들이 깨지 않게 자리로 돌아갔어요.

필로와 소피는 마주 보며 방긋 웃고는 조용히 귀를 기울였어요.

"와하하하하하, 저것 좀 봐!"

"깔깔깔."

이야기가 시작되고 얼마 안 있어, 어른들이 모두 이야기에 푹 빠져든 것 같았어요.

"이때야. 살금살금 나가 보자."

두근두근.

가슴 안에 박쥐가 열 마리쯤 퍼덕퍼덕 날아다니는 것 같았습니다. 심장이 너무 빨리 뛰어서 어른들에게 들킬 것만 같았어요.

필로와 소피는 몸을 일으켜 한 발짝 한 발짝, 어른들이 줄지어 앉은 의자 뒤로 조심조심 나가 보았어요.

동굴 안쪽에는 항상 활활 타고 있는, 꺼지지 않는 횃불이 있어요.

어? 근데 저게 뭐지?

의자가 줄지어 놓인 벽면의 뒤쪽 천장에 이상한 기계가 대롱대롱 매달려 있네요.

횃불의 빛이 그 기계를 통과해 나가면 동굴 벽면에 커다란 검은 그림자들이 생기는데, 기계 안에서 소리도 나고 이야기도 나오고 있었어요.

필로와 소피는 눈이 동그래져서 기계 쪽으로 다가갔어요.

아뿔싸, 그러자 커다란 노랫소리를 배경으로 한참 검은 꽃이 피어나던 동굴 벽면에 필로와 소피의 그림자가 커다랗게 비쳐 보이는 게 아니겠어요?

"저게 뭐지?"

"아이들인가?"

히익!

필로가 급히 엎드리면서 소피의 머리를 눌렀어요.

어른들은 이야기와 맞지 않게 나타났다가 사라진 아이들의 그림자가 이상하다고 생각했지만, 벽 쪽만 바라볼 수 있게 고정된 쇠모자를 쓰고 있었기 때문에 뒤를 돌아볼 수 없었어요. 그러고는 곧 재미있는 장면이 나왔기 때문에 깔깔깔 웃느라 그만 잊어버리고 말았지요.

필로와 소피는 그렇게 한참 웅크리고 있다가 서로 눈짓을 주고받은 뒤 살금살금 다시 발걸음을 떼었어요.

이야기 소리가 들리지 않는 곳까지 다다르자, 필로와 소피는 동굴 속에 난 길을 따라 밖을 향해 달리기 시작했어요.

"필로, 근데 아까 그건 뭐야?"

"몰라. 천장에서 뭐가 내려와서 달려 있던데?"

"그게, 우리가 앞에 가니까 우리 모습이 커다랗게 나왔어!"

"응. 나 정말 깜짝 놀랐어."

사슬에 묶여 있느라 제대로 뛰어본 적이 없는 두 꼬마는 이내 숨이 차서 달리던 걸음을 멈추고 걷기 시작했어요.

"그 기계는 어디서 온 거지? 나 본 적 없는데."

"그러게. 나도."

"왜 아무도 얘기해 주지 않았을까? 어른들도 그 기계를 모르는 걸까?"

"그게…… 우리 모습이 비쳤다는 건……."

필로와 소피의 머릿속이 복잡해졌어요. 두 꼬마는 머리를 갸웃거리며 걷고 또 걸었어요.

그때였어요. 동굴이 조금씩 밝아지는 느낌이 들었어요. 필로와 소피는 들뜬 얼굴로 서로를 쳐다보았어요.

"저기 봐. 빛이 보여!"

소피가 가슴을 쓸어내리며 말했어요.

"아! 나 가슴이 너무 뛰어서 죽을 것 같아."

"진정해. 자, 여기서부터는 천천히 조심하자. 사자가 가까이 있을지도 몰라."

그렇게 필로와 소피는 한 발짝 한 발짝, 신중하게 걸음을 내디뎠어요.

아아우!

해가 질 무렵이었지만, 어두컴컴한 동굴 속에서 지금껏 살

아온 필로와 소피에게는 눈이 멀 것 같은 태양빛이었어요.

그리고 산들산들, 기분 좋은 바람이 필로와 소피의 얼굴에 와 닿기 시작했어요.

이게 바람인 거구나. 흠…… 신기한 냄새가 나.

동굴 입구에서 한참 손으로 눈을 가리고 서 있던 아이들은 조심조심, 손을 떼고 얼굴을 밖으로 내밀어 보았어요.

밖은 고요하고, 빛으로 가득 차 있었어요.

그동안 필로와 소피는 세상에 색깔이 일곱 가지만 있는 줄 알았어요. 검은색, 회색, 갈색, 불그스름한 색, 노르스름한 색, 얼굴색, 머리색. 이 일곱 가지가 세상의 모든 색인 줄 알았던 필로와 소피의 눈 속으로 빨간색, 파란색, 노란색, 초록색, 주황색, 보라색, 갖가지 색들이 앞다투어 뛰어들었어요.

와아아아아.

필로와 소피는 넋을 잃고 바라보았어요.

다시 기분 좋은 바람이 불자, 나무에 달린 조그만 나뭇잎들이 보석처럼 사르르르 반짝였어요.

발 밑의 부드러운 풀에서는 향긋하고 좋은 냄새가 났고요.

태양을 바라보는 건 정말 눈이 아팠지만, 처음 보는 태양은 눈이 멀 것 같은데도 자꾸만 보고 싶은 이상한 힘을 가지고 있었어요.

으르렁거리는 무서운 사자 대신 팔랑팔랑 노란 날개를 가진 나비가 소피 주변을 춤추듯 맴돌았어요.

동굴 속에서도 바위에 올라가기를 좋아하던 필로는 금세 나무에 올라가 사과를 하나 따서 소피에게 내밀었어요.

아삭,

수프만 먹고 지내던 필로와 소피가 처음 사과를 맛본 순간, 이는 좀 얼얼하고 아팠지만 그 맛은 말로 표현할 수 없을 만큼 놀라웠어요! 혀의 모든 부분이 살아서 소리를 지르는 듯한 느낌이었어요.

아작아작, 정신없이 사과를 먹던 두 꼬마는 서로를 보고 배시시 웃었어요.

"필로, 이게 세상이야?"

"그런가 봐."

"세상은 이렇게 색깔과 소리와 모양으로 가득 차 있네."

"응. 우리가 알던 세상과는 너무 달라."

"열 할머니도 이 사과를 드시면 좋겠다."

"응, 검 할아버지도 이 꽃들을 보면 좋아하실 텐데."

필로와 소피는 동굴로 되돌아가서 이 찬란한 세상을 사람들에게 알리고 싶었어요.

아이들이 서둘러 돌아가자, 어른들은 세상 구경을 마치고 쇠모자를 막 벗던 참이었어요.

소피가 뒤를 돌아보니 어라, 그 기계는 어디론가 사라지고 없네요.

동굴 속은 늘 그렇듯 어두컴컴하고 따뜻하고 평온했어요.

하지만 방금 진짜 세상을 보고 온 필로와 소피의 눈에, 이제껏 세상의 전부였던 동굴은 어둡고, 좁고, 칙칙해 보였어요.

"아니, 너희들 잔다더니 어떻게 된 거냐?"

"밖에는 시원한 바람이 불어요!"

"사과는 검은색이 아니에요. 굉장히 맛있어요!"

"밖에는 눈이 멀 것처럼 빛나는 태양이 있어요!"

"나뭇잎은 반짝반짝 보석처럼 빛나요!"

필로와 소피는 무슨 얘기부터 해야 할지 몰라서 가슴속의 말들을 마구 꺼내 놓았어요.

하지만 아무리 외쳐도 동굴 속 어둠에 익숙한 사람들은 꿈쩍도 하지 않았습니다.

"쟤들이 대체 뭐라는 거야?"

"너희들, 시끄럽게 떠들면 혼난다."

"나갔다고? 대체 어떻게 나갔다 온 거야?"

"아저씨, 밖에는 우리가 벽에서 보는 것보다 훨씬 생생한 진짜 세상이 있어요."

"우리 같이 나가요. 이건 진짜 세상이 아니에요."

"너희들이 뭘 안다고 떠들어? 녀석들, 혼나 볼 테냐?"

"난 이 동굴 안에서 한 발짝도 안 나가. 여기가 얼마나 좋은데."

"우리가 아는 세상 말고 다른 세상이 있다니, 그게 말이나 돼?"

"저런 망측한 소리를 하다니. 우리 동굴에서 쫓아내야 해."

필로와 소피는 눈물이 날 것 같았어요.

그때 한 어른이 따라나섰어요.

"이 아이들 말이 맞을 수도 있어. 나도 밖이 궁금해. 난 이 아이들과 나가 보겠어."

테스 아저씨였어요.

아저씨는 동굴 안을 두리번거리더니 방금 벗어둔 쇠모자를 쿵쿵쿵, 아저씨 팔목에 묶여 있던 사슬에 수없이 내리쳐 사슬을 어렵사리 끊어냈어요. 아저씨는 힘이 정말 세거든요.

"이 사슬, 이렇게 마음을 먹으면 끊을 수 있을 것 같긴 했지만… 정말 끊어지는군."

필로와 소피는 그렇게 검 할아버지, 열 할머니, 그리고 다른 사람들과 헤어져 테스 아저씨의 손을 꼭 잡고 밖으로 나왔어요.

밤이 되자 추웠어요.

하지만 아저씨가 향긋한 풀과 나뭇잎을 잔뜩 가져와서 푹신하고 따뜻한 보금자리를 만들어 주었어요.

그렇게 누워서 하늘을 보자, 와아아아아아.

하늘에는 정말 반짝이는 별들이 얼굴 위로 쏟아질 것같이 가득했어요.

"헤헤. 나오길 정말 잘했어."

피곤하고 조금은 추웠지만, 필로와 소피는 정말 행복했습니다.

다음 날, 또 다음 날.

필로와 소피, 테스 아저씨는 매일매일 새로운 세상을 만나고 많은 것을 배웠어요.

땅 위에서 뛰고, 물속에서 헤엄치고, 나무에 올라 세상을 내려다보았어요.

꽃향기를 가슴 가득 담고, 양팔을 벌려 시원한 비를 맞았지요.

낮에는 구름이 보여주는 인형극을 보고, 밤에는 별님들의 춤을 보았어요.

넘어지고, 구르고, 피도 났어요.

뱀에 물릴 뻔하기도 하고, 여우에게 쫓기기도 했지요.

하지만 다시 동굴로 돌아가고 싶지는 않았어요.

다른 사람들은 어떻게 되었냐고요?

그들은 동굴 속에서 계속 인형극을 보며 살고 있답니다.

쇠모자에서 나오는 수프를 먹고 검은 그림자들을 보며, 그게 진짜 세상이라고 믿으면서요.

친구들과 생각해 봐요

동굴에 가본 적이 있나요? 필로와 소피처럼 동굴에서 살면 기분이 어떨 것 같아요?

혹시 이야기에 나오는 이런 동굴에서 살고 싶은 친구가 있나요?

이야기 속 동굴에 살면 어떤 좋은 점이 있을까요?

그래도 필로와 소피처럼 밖으로 나오고 싶다면 그건 왜일까요?

밖으로 나온 필로와 소피는 기분이 어땠을까요?

동굴에서 살다가 밖으로 나오면 어떤 점이 힘들까요?

필로와 소피는 왜 동굴로 되돌아가서 사람들에게 바깥 세상에 대한 이야기를 해주었나요?

동굴 속 사람들은 왜 필로와 소피의 말을 믿지 않았을까요?

내가 한동안 굳게 믿었던 사실이 거짓말이었다는 사실을 깨달은 적이 있나요?

그건 언제였나요?

그런 거짓말을 한 사람은 누구이고, 왜 그런 거짓말을 했나요?

어른들과 함께 읽어요

플라톤Plato(기원전 427~기원전 347)의 『국가The Republic』(기원전 380) 7장에 들어 있는 동굴의 우화를 소재로 만든 이야기입니다. 이 책은 사실 플라톤의 스승이었던 소크라테스가 여러 인물들과 대화한 내용을 담은 것이라, 이 우화의 원작자는 소크라테스가 되겠지요.

동굴의 우화를 간략히 요약하면 다음과 같습니다.

'태어나서부터 줄곧 사슬에 묶여 벽 쪽만 바라보게 되어 있는 사람들이 지하 동굴에 있다. 그 뒤에서 누군가가 그림자극을 하는 것처럼 벽에 이미지를 만들어내고 소리도 낸다. 묶인 사람들은 그 가상의 이미지가 진짜인 줄 알고 평생을 살아간다. 간혹 사슬을 끊고 출구를 발견해 동굴을 나가는 사람들이 있는데, 눈이 멀 것 같은 태양빛에 괴로워하며 진실을 알게 되는 그들이 바로 철학자들이다. 이들이 돌아와 진실을 말하려고 해도, 평생 그림자만 보아온 동굴 속 죄수들은 그림자를 실재보다 더 실재적인 것으로 믿으며 진리를 설파하려는 자들을 죽이려고 한다.'

철학자는 호기심이 많고 익숙함에 안주하지 않는 사람들입니다. 꼭 아이들과 같은 특질을 가졌지요. 그래서 꼬마들로 설정하고 **철학**philosophy이라는 이름을 나눠 붙여 보았습니다. 검 할아버지와 열 할머니는 **검열**censorship이라는 단어에서 따 왔습니다. 어두컴컴한 허상의 세계인 동굴을 유지하는 힘이죠. 테스 아저씨는 소크라테스의 이름 끝글자를 땄습니다. 거친 야생의 삶과 마주하기에는 철학자라는 종족이 너무 허약한 것 아니냐고요. 편견입니다. 아이들과 함께 진리의 세상으로 나가기 위해 쇠사슬을 끊어내는 테스 아저씨의 원형인 소크라테스는 실제 석공 출신으로, 단단한 몸과 비범한 풍채의 소유자였다고 합니다.

영화 <매트릭스*Matrix*>(1999)에도 동굴의 우화가 작품 전체를 관통하고 있습니다. 주인공 네오 역시 매트릭스를 벗어나 현실을 직면한 뒤, 목숨을 걸고 되돌아가 사람들에게 진실을 알리고 매트릭스를 파괴하려고 하죠. 네오가 그랬듯이 편안하고 익숙했던 동굴 속 세상을 벗어나 진실을 알게 되는 것은 고통스러운 일입니다. 하지만 깨달은 사람들, 소크라테스가 말하는 선지자 혹은 철학자들은 자신의 안위가 흔들리고 생명의 위협을 받으면서도 진실을 탐구하고 그것을 전하려는 열망을 포기하지 않습니다. 주인공을 아이들로 설정했기에 동화에서는 그들이 받는 위협을 구체화하지는 않았지만, 원전에 등장하는 철학자들은 우매한 대중들에게 고초를 겪습니다. 힘겨운 논쟁을 통해 어떻게든 사람들을 깨우치려 해도, 어둠에 익숙해진 자들은 자신들을 풀어주려는 철학자들을 어떻게든 붙잡아서 죽여 버리려고 합니다.

방송국이 통제되고 책과 신문이 검열받던 시절의 우리가 아마도 동굴 속 죄수들처럼 살지 않았을까 생각해 봅니다. 매일마다 뉴스에서 전두환 전 대통령의 치적을 자세히 알리기에 여념이 없을 때에도 조비오 신부, 위르겐 힌츠페터 기자같이 광주의 진실을 접한 사람들은 목숨을 걸고 동굴 속 사람들에게 진실을 알리고자 했지요. 검열이 일상화되어 있고 언론과 사상의 자유가 심각하게 제한된 북한 사회 역시 커다란 동굴에 비유할 수 있을 겁니다. 그들은 누군가가 보여주는 이미지, 알려주는 이야기 속에서 일생을 살아갑니다.

이제 세상은 조용히 **자본의 검열을 받는 시대**로 접어들었고, 누가 묶지는 않았지만 많은 사람들이 스스로 소파에 묶여 스크린에서 보여주는 이미지를 소비하며 많은 시간을 보내고 있습니다. 소녀들은 오랜 시간 화면에서 보아온 여성들의 마른 몸이 아름답다고 믿기에 그렇지 않은 몸을 비웃고 자신의 몸을 저주합니다. 쇠모자 대신 색안경을 끼고 스스로 동굴에 갇힌 사람들은 누군가가 만들어 전하는 그림자를 철석같이 진실이라 믿고, 그렇지 않다고 말하는 사람들을 증오하고 위협합니다. 언론과 사상의 자유가 보장되고 검열이 극심하지 않은 사회 안에서도 사람들은 여전히 자신만의 동굴에 갇혀 스스로를 검열하고 자신을 가두어 두기도 합니다.

우리가 편안히 지내고 있는 곳이 동굴은 아닌지, 늘 아이들 같은 눈으로 바라보고 질문하며 살 수 있다면 좋겠습니다.

동굴 밖으로 나가 진실을 찾을 것인가?

동굴 안에서 그림자를 진짜로 믿으며 살 것인가?

내게 주어진 세상을 질문하고, 넘어설 용기가 있는가?

6

자연섬 이야기,
그 후

몽테스키외, 삼권분립

몽테스키외

Charles Louis de Secondat,
baron de La Brède et de (헉헉)
Montesquieu

먼 옛날, 리바이어던이라는 이상한 이름을 가진 임금님이 살았습니다. 빨갛고 탐스러운 사과가 주렁주렁 열리는 자연섬의 첫 임금님이었어요. 한 손에는 무서운 칼, 다른 손에는 해와 달과 별이 새겨진 번쩍이는 지팡이를 가진 임금님.

어떻게 임금님이 되었냐고요? 자연섬에는 원래 나라도 임금님도 없었어요. 주렁주렁 빨간 사과가 열리는 사과나무와, 사과를 좋아하는 자연인들이 있었지요. 그런데 자연섬에 사는 자연인들이 서로 사과를 많이 가지겠다고 치고받고 싸우기 시작했어요.

'내가 자는 동안 나를 작대기로 흠씬 두들겨 패고 내 사과 자루를 빼앗아 가면 어쩌지?'

내가 맞지 않으려고 먼저 때리다 보니, 자연섬 사람들의 삶은 춥고, 배고프고, 엉망진창이 되었답니다. 불안하고 두려워서 잠도 제대로 못 자던 자연인들은 아주 강력한 힘을 가진 임금님에게 나라를 만들어 싸움을 다스려 줄 것을 부탁했지요.

그렇게 자연섬에는 사과 나라가 생겼습니다. 자연인들은 사과 나라의 시민이 되었어요. 시민들로부터 권한을 건네받은 힘센 임금님이 질서를 바로잡자, 사람들은 다시 발을 뻗고 푹 잘 수 있었어요. 물고기도 잡고, 사냥도 하고, 열매도 모을 수 있었습니다. 그림도 그리고 노래도 부르고, 물건을 사고파는 시장도 만들었지요. 그렇게 자연섬은 점차 사람들이 어울려 함께 사는 곳으로 변해갔어요.

사과 나라 사람들은 여전히 사과를 좋아했어요. 이제는 맛있는 사과 잼도, 사과 파이도, 사과 주스도 만들 수 있었지요. 춥고, 배고프고, 엉망진창이었던 자연인들의 삶은 따뜻하고, 배부르고, 사과 향기 폴폴 나는 달콤한 삶이 되었답니다.

🍎

시간이 흘러 리바이어던 1세 임금님이 돌아가시고 2세, 3세… 16세 임금님이 즉위했어요. 어? 그런데 이게 웬일일까요. 빨갛고 탐스럽던 사과 나라 사람들 얼굴이 쭈글쭈글한 모과처럼 누렇게 떠 있네요.

에고고, 여기서도 한숨 소리, 저기서도 한숨 소리.

아야야, 여기서도 신음 소리, 저기서도 신음 소리.

신선한 사과주스에 갓 구운 따끈한 사과파이로 맛있는 아침 식사를 해야 할 사과 나라의 시민들이, 버려진 사과 껍질을 긁어모아 주린 배를 채우고 있어요. 그럼 그 많은 사과들은 다 어디로 갔을까요?

쿵쿵.

어디서 달콤한 냄새가 나는데?

아하, 궁전에서 성대한 파티가 열리고 있군요. 연회장 중앙에는 신선한 사과를 찍어 먹을 수 있는 초콜릿 분수가 달콤한 향기를 내뿜고 있어요. 식탁에는 사과를 입에 문 통돼지 구이, 사과를 다디단 꿀과 함께 졸여 넣고 크림을 듬뿍 올린 사과 케이크, 사과꽃과 사과를 곱게 말려 만든 향긋한 차, 그리고 꿀처럼 황금빛으로 빛나는 사과술들이 호화롭게 차려져 있네요.

저기 리바이어던 16세가 있군요! 예쁜 토끼 모양으로 자른 사과를 캐러멜 접시에 푸욱 담갔다가 그 위에 고소한 땅콩가루를 듬뿍 찍어서 하마처럼 앙 벌린 입에 넣고 있어요. 왕비

님은 머리를 여름날의 사과나무처럼 부풀리고, 사과꽃 빛깔의 드레스를 지어 입었네요. 숨바꼭질하는 꼬마 여섯 명이 그 안에 숨을 수 있을 만큼 커다랗게 부풀려진 드레스예요. 손에는 사과 열매와 이파리가 아름답게 장식된 분홍색 도자기 찻잔을 들고 있군요. 서열에 따라 크고 작은 사과 모양의 금 브로치를 단 귀족들은 최상품의 사과만 골라서 만든 사과 샴페인으로 축배를 들고 있어요.

"사과 나라 임금님은 우리의 태양이십니다!"

"사과 나라 왕비님의 만수무강을 위하여!"

쿵쿵.

어디서 이상한 냄새도 나는데?

저런, 궁전 한편에 마련된 커다란 사과 창고에는 사과가 그득그득 담긴 채 썩어가고 있어요. 사과 나라 사람들은 배가 고파 울고 있는데, 그리고 리바이어던 1세 임금님이 분명히 사과는 하루에 한 알씩만 따 먹으라고 했는데, 사과는 왜 다 여기에 썩어날 만큼 모여 있는 걸까요?

그래요.

사과를 모두 한 곳에 모아두면 사과가 슬금슬금 썩기 시작하듯, 한 임금님의 손에 엄청난 힘이 다 모여 있다 보니 그 힘도 조금씩 부패하기 시작한 거예요.

사과에 꼬인 벌레가 사과를 야금야금 갉아먹듯, 임금님 앞에도 파리처럼 손을 싹싹 비비며 아첨하는 사람들이 생겨났어요.

"임금님, 오늘도 영롱한 아침 이슬을 맞은 사과처럼 아름다우십니다."

기분이 좋아진 임금님은 하마 같은 입을 크게 벌리고 으하하 웃었어요.

"내 너에게 사과 열 알을 내리노라."

"임금님, 오늘은 사과로 공놀이를 해보실까요? 아주 재미있답니다."

임금님이 어린아이처럼 꺅꺅 소리를 지르며 신나게 공놀이를 즐기는 동안, 뒤에서 은근슬쩍 사과를 빼돌리는 사람도 생겨났어요. 나이가 너무 많아서 직접 사과를 따 먹지 못하는 할머니 할아버지들을 위해 나라에서 모아둔 사과였는데 말이지요!

그렇게 사과 나라에는 사과를 더 먹는 사람들과 덜 먹는 사람들이 생겨났어요. 최상품의 사과를 우적우적 먹으며 사과처럼 배가 동그랗게 부풀어가는 아주 소수의 사람들이 생겨난 반면, 버려진 사과 껍질과 씨앗 부근의 거친 고갱이로 연명해야 하는 사람들이 많이 생겨났지요. 사과 나라의 많은 사람들이 그렇게 내다 버린 사과 속처럼 시들시들 비쩍 말라갔어요. 사과 나라는 그렇게 시간이 지나면서 차츰 썩어가고 말았답니다.

●

"아구구, 이러다가 다 굶어 죽겠네."

불만을 가진 사람도 많았지만, 번쩍이는 칼을 든 임금님의 군대 앞에서 입을 함부로 놀렸다간 큰일 나지요. 아랫마을 장 아저씨가 배고프다고 항의하러 갔다가 무슨 일을 당한 줄 아세요?

"배고파 죽겠소. 우린 이렇게 배를 곯고 있는데 대체 임금님은 뭘 하시는 거요?"

"네 놈이 감히 위대한 우리 임금님께 불만을 품어? 배가 고프다고? 그럼 사과를 특별히 두 알 주지."

가엾은 장 아저씨는 궁전 앞 경비병 초소에서 하루 종일 양볼 가득히 사과 두 알을 물고 있는 벌을 받았지 뭐예요! 눈물과 침을 비 오듯 질질 흘려야 했던 아저씨는 얼얼한 볼을 일주일 내내 문질러야 했어요. 입에 들어 있던 사과는 퉤 뱉자마자 궁전에서 키우는 돼지가 냠냠 먹어 버렸답니다.

예전의 자연섬에는 자연인들이 사과를 빼앗길까 봐 서로 동등한 힘을 가지고 치고받고 싸웠는데, 이제 사과 나라에는 군대와 번쩍이는 칼이 있으니 사과를 마구 빼앗아 가는 저 귀족들과 싸우기가 더 어려웠어요.

그래요.

예전에는 나라도, 임금님도 없어서 고통스러웠지만 이제는 너무 강력한 나라, 너무 무서운 임금님이 있어서 고통스러웠습니다.

사람들의 생활은 다시 예전처럼 춥고, 배고프고, 엉망진창이 되었지요.

그러다 사과 나라에 흉년이 들었어요. 사과는 절대적으로 부족한데 임금님과 귀족들은 여전히 세금 타령만 하고 가진 것을 나누려고 하지 않자, 사과 나라의 시민들은 화가 머리 끝까지 나고 말았어요. 모두 촛불을 들고 임금님의 궁전 앞에 구름처럼 모여들었지요. 군대로도 감당할 수 없는 어마어마한 수의 사람들이 모여들자, 그제야 임금님은 크게 깨달았어요.

"원래 나에게 이 막강한 힘을 모아준 것은 저 사람들인데, 내가 잠시 눈이 멀어 그것을 잊고 있었구나. 사과 신이시여, 부디 저의 어리석음을 용서하소서!"

사람들은 사과 나라를 다시 달콤한 나라로 만들기 위해 머리를 맞대고 고민했어요. 우선 재판을 열어서 임금님과 왕비님, 그리고 귀족들의 잘못을 따지기로 했어요. 그들이 가졌던 특권도 폐지되었지요.

가졌던 보석을 팔아 사과나무를 백 그루씩 심고, 그 나무에서 사과가 나면 직접 사과 파이를 만들어서 가장 먼저 가난한 아이들과 병든 노인에게 배달하도록 하는 새로운 법이 만들어졌어요. '사과 파이를 삼천 개 만들어 배달할 때까지 용서받지 못하는 법'이 바로 그 법이랍니다.

또 귀족들 소유로 넘어갔던 사과밭은 다시 사과 나라의 시민들이 살 수 있도록 뜻을 모았어요. '레옹도 마리도 사과나무를 한 그루씩 가질 수 있는 법'이 바로 그 법이랍니다.

또한 시민들은 사과 나라의 지도자를 뽑을 수 있는 선거권을 갖기로 했어요. '나의 대표는 내가 뽑을 수 있음에 관한 꽤 멋있는 법령'이 바로 그 법이지요.

무엇보다 사과 나라 사람들은 **"사람은 태어날 때부터 누구나 자유롭고 평등하며, 그 누구도 마음대로 다른 사람과 그가**

가진 재산을 해치지 못한다"**라는 내용의 근사한 사과 나라 헌법을 만들었어요. 그 헌법을 읽는 사과 나라 사람들의 마음 속에는 자랑스러움과 기쁨이 가득했답니다.

그런데 가만.

이렇게 온갖 좋은 법을 만들어도, 또다시 강력한 힘을 가진 지도자가 나타나서 사과 나라를 망쳐 버리면 어쩌지?

또다시 초콜릿을 입힌 사과를 먹으며 금사과로 공놀이를 하는 임금님과, 배고파 우는 아이들이 생겨나면 어쩌지?

또다시 서커스 텐트같이 알록달록 커다란 드레스를 입는 왕비님과, 다 찢어진 누더기를 걸치는 사람들이 생겨나면 어쩌지?

이때 몽테스키외라는 한 멋쟁이 아저씨가 아주 좋은 생각을 냈어요.

"막강한 힘이 한 군데에 모이는 것이 문제였으니까, **이 힘을 셋으로 나누어 서로를 지켜보게 하는 것이 어떨까요?** 한쪽이 슬슬 이상해지는 낌새가 보이면 나머지 두 힘이 각각 왼쪽 오른쪽 멱살을 잡고 흔들어서 정신을 차리게 하는 거예요."

아주 좋은 생각인 것 같았어요!

사과 나라 사람들은 나라에 필요한 힘을 셋으로 나누었어요.

하나, 사과 나라 사람들이 행복하게 살기 위해서는 어떤 규칙을 만들고 사과 세금은 얼마나 거두면 좋을지 고민하는, '머리를 맞대고 함께 토론해서 사과 나라의 규칙을 만드는 부서'.

둘, 사과나무는 얼마만큼 심고 사과는 어떻게 거두어들여서 어떻게 사용하면 좋을지 고민하는, '우리 집이 잘 굴러가듯 사과 나라도 데굴데굴 잘 굴러가게 애쓰는 부서'.

셋, 사과를 두고 다툼이 생기거나 사람들이 서로 다른 주장을 하는 경우를 대비해 '투닥투닥 문제가 생길 때 사과 모자를 쓰고 나타나 공정히 판결해 주는 부서'.

이 부서들을 훗날 사람들은 각각 입법부, 행정부, 사법부라고 불렀답니다.

이름이 너무 길어서 외우기 어려웠다나요.

이렇게 세 가지 부서가 각자 열심히 일하면서 다른 부서가 엇나가지 않도록 지켜보기 시작하자 사과 나라에는 다시 달콤한 평화가 찾아왔답니다.

친구들과 생각해 봐요

자연섬에 나라가 생겨난 이후의 이야기예요.

자연섬에는 처음에 왜 나라가 생겼었나요?

그 나라는 자연섬 사람들을 행복하게 만들어 주었나요?

이 이야기 속 자연섬 사람들은 왜 다시 불행해졌나요?

여러분은 역사 속에서 이와 비슷한 이야기를 들어본 적이 있나요?

몽테스키외 아저씨가 제안한 이 시스템은 다른 나라에도 널리 퍼져, 많은 나라들이 입법, 행정, 사법이라는 세 가지 기둥 위에 지붕을 씌워 나라를 만들었다고 해요.

여러분이 사는 나라에도 이런 세 가지 기둥이 있는지 찾아볼까요?

그 세 기둥은 적절히 균형을 이루며 서로를 잘 받쳐주고 있나요?

혹시, 세 기둥이 있는데도 여전히 부정과 부패가 일어나고 있지는 않나요?

어른들과 함께 읽어요

이름표를 만들려면 난감할 만큼 본명이 정말 긴 몽테스키외Charles Louis de Secondat, baron de La Brède et de Montesquieu (1689~1775). 18세기 프랑스 귀족이었습니다. 절대주의의 예시에 가장 부합하는 인물인 루이 14세 재위 중에 태어났지요. 이 시대는 홉스처럼 절대적인 권위의 부재로 인해 싸움이 일어나는 시대가 아니라, 너무나 집중된 힘과 가혹한 통치로 인해 사람들이 고통받던 시기였습니다.

이 동화만 읽고 보면 홉스의 리바이어던이 굉장히 나쁜 것처럼 보일 수도 있겠습니다. 그래서 실제로 홉스에 대한 이미지가 안 좋은 경우가 많지요. 하지만 사실 홉스가 주장했던 리바이어던은 절대군주라기보다는 헌법재판소 같은 개념이었습니다. 최고의 권위를 가지고 다툼을 해결하는 권위체, 즉 최고의 권위체이기만 하면 그것이 꼭 왕 한 사람일 필요는 없었던 것이죠. 하지만 애석하게도 실제 역사 속에서는 권력이 대체로 1인의 수중에 들어가다 보니 부패하기 쉬웠습니다. 역사 속에서 최고의 권위체 자리에는 대체로 절대군주가 앉게 되었고, 절대군주가 전제군주가 되면서 그로부터 인류는 많은 고통을 받아왔습니다.

몽테스키외는 바로 이 **전제주의**despotism**의 위험성**을 강조합니다. 그는 어떻게 하면 정치권력이 **부패**하지 않을까, 어떻게 하면 잔인하고 난폭한 전제군주를 막을 수 있을까를 끊임없이 고민했던 철학자였어요. 계몽주의자이면서도 인간의 이성을 절대적으로 신뢰하기보다는 인간의 감성을 어떻게 다루는 것이 좋을지를 고민했다는 측면에서, 인간에 대한 이해가 섬세하고 깊었던 철학자입니다. 유머감각도 굉장히 풍부했는데요. 익명으로 출간되어 빵 팔리듯 팔려나갔다고 하는 『페르시아인의 편지 *Lettres persanes*』(1721)라는 소설은 전제주의, 그리고 인간 본성의 핵심을 깊이 찌르며 당시의 유럽 사회를 풍자했던 걸작입니다. 몽테스키외는 스스로가 법관이기도 했고, 법에 관심이 많아 각국을 여행하며 법을 비교 분석하는 연구를 하기도 했습니다. 이를 바탕으로 펴낸 『법의 정신 *De l'esprit des lois*』(1748) 안에 그 유명한 **'삼권분립**separation of powers**을 통한 견제와 균형'**이라는 시스템이 들어 있습니다. 몽테스키외의 이 사상은 미국 헌법의 기초가 되었고 자유주의 정치 이론에 엄청난 영향을 미쳤지요.

몽테스키외는 디드로, 달랑베르 등과 백과사전 작업도

함께했던, 유명한 계몽주의Enlightenment 철학자이기도 합니다. 계몽주의는 이름에서 보듯 불light을 밝힌다en는 의미죠. 계몽주의는 인류 역사를 '무지의 어둠'과 '인간 이성이 가져올 환한 빛' 사이의 싸움으로 여기곤 합니다. 무지의 어둠이라고 하면 앞서 소개해 드린 플라톤의 동굴이 떠오를 수 있겠는데요. 어둠에 싸인 인류에게 빛을 가져오는 방법을 계몽주의자들은 굉장히 혁신적으로 생각했어요. 즉, 플라톤의 동굴 우화에서처럼 태양빛을 경험한 몇몇 현자들이 캄캄한 동굴로 되돌아와 빛이 되는 진리를 설파하는 방식이 아니라, 어두컴컴한 무지의 동굴을 와르르 무너뜨려서 동굴 구석구석에 환한 태양빛이 직접 내리쬐도록 하는 큰 그림을 그렸지요. 그래서 구체제(앙시앙 레짐)를 버리고, 완전히 새로운 정치 사회 시스템을 구축하는 일에 관심이 많았습니다. 몽테스키외 역시 컴컴한 암흑과도 같은 공포스러운 전제주의를 부술 방법으로서 삼권분립이라는 정치적 시스템을 생각한 것이죠. 전제주의라는 어둠의 동굴을 부수고 입법, 행정, 사법의 세 기둥으로 새로운 삼권분립의 건물을 세우면, 그 안의 인류에게 빛과 자유가 흘러들 것으로 생각한 것입니다.

숙청의 피바람이 난무했던 프랑스혁명 이야기를 곧이곧

대로 쓸 수 없어서 좀 순화했지만 봉건적 특권 폐지, (다소 문제가 많았다고 전해지는) 토지 개혁, 선거권, 프랑스 인권선 언과 새 헌법이라는 중요한 포인트들은 이야기 안에 담아 두었습니다. 권력의 집중과 그로 인해 파생되는 문제들은 비단 정치 영역뿐 아니라 우리 일상에도 광범위하게 퍼져 있습니다. 우리는 **일상에서 어떻게 견제와 균형을 이루며 살 수 있을지**, 아주 작은 것에서부터 끊임없이 고민하고 실천해 보 는 건 어떨까요. 당장 아이와 부모의 관계에서부터 말이죠.

7

너 잘 걸렸다

마루야마 마사오,
억압의 이양에 의한 정신적 균형의 유지

마루야마 마사오 丸山眞男

천석꾼인 심술쟁이 최가는 심기가 영 좋지 않았어요.

행랑아범에게 잘 익은 술 한 되 챙기라 하고 곱단이에게 광주리를 들려 옆 고을로 혼자 유유자적 단풍 구경을 나설 때만해도 기분이 썩 좋았거든요. 감나뭇골에는 단풍으로 명성이자자한 매불산이 있죠. 지금이 한창 좋을 때입니다.

나귀를 그늘에 묶어두고 물가 옆 편평한 바위 위에 자리를 깔고, 소반 위에 술병 놓고 술잔 놓고 단풍 한 번 쳐다보고 캬아. 곱단이에게 부침개를 부치라 명하니 고소한 기름 냄새에 흥이 절로 나던 참이었습니다.

"아이고, 이게 누구신가. 그간 별고 없이 안녕하시었는가."

이게 누구야. 감나뭇골에서 제일 부자인 만석꾼 김가가 거

드름을 피우며 나타났지 뭡니까. 보아하니 불콰해진 얼굴에 근방에 소리 잘하기로 유명한 매월이까지 불러 대동하고, 아마도 먼저 놀다 내려가는 모양입니다. 선친들께서 교류가 있었던 데다 연배도 비슷하여 오래 알고 지냈지만, 어릴 적부터 기름기가 좔좔 흘렀던 저놈의 면상은 언제 보아도 느끼합니다. 넙데데한 얼굴에 볼품없이 대롱대롱 매달린 염소 꼬리 같은 수염을 볼 때마다, 최가는 저기다 손가락만 한 붉은 댕기를 드려놓고는 배꼽이 빠져라 웃고 싶은 충동을 느끼곤 합니다.

"흠흠, 그간 격조하였네."

"여기는 웬일이신가. 단풍 구경 오시었는가. 하긴, 그 동네에는 이만 한 산이 없지."

"뭐…… 단풍으로야 그렇지만……. 그래도 전답이 기름지기로는 우리 배나뭇골만 한 곳이 또 없지."

"그래 봤자 천석 가지고 어디 입에 풀칠이나 하겠나. 하하. 안 그러냐, 매월아."

김가가 매월이를 흘긋 보며 자랑질인 듯 수작질인 듯 건넨 한 마디에 최가의 얼굴이 단풍처럼 붉으락푸르락 물들었습니다.

속이 부글거리는 최가가 부침개를 한 점 집어 입으로 넣자,

김가 놈이 또 히죽거립니다.

"부침개뿐인가, 거 안주가 너무 소박하구먼. 가만있자, 우리가 남은 고기가 좀 있을 텐데."

"거 됐소. 고기는 집에서 하도 먹어 인이 박여서 간단히만 챙겨 왔단 말이지."

김가 놈이 거들먹거리며 내려가는 뒤꽁무니를 보자니 흥취가 뚝 떨어져 버렸습니다. 에잇, 기분 상했다. 부침개 하나만 먹는 둥 마는 둥 하고 자리를 거두고 돌아가려는데, 저기 저쪽에 낯익은 얼굴이 보입니다. 마름인 점순아범이 식구들 데리고 단풍 구경을 나왔나 봅니다. 옳거니 잘 걸렸다. 내가 오늘 너한테 제대로 오줌을 갈겨주마.

"자네 점순아범, 거 이리 좀 와보게!"

양볼에 심술단지를 하나씩 매단 최가는 시빗거리를 준비해 입에 물고는 잘근잘근 씹으며 점순아범이 가까이 오기를 기다렸습니다. 난데없는 불호령에 두리번거리던 점순아범이 최가를 알아보고 잽싸게 달려와 머리를 조아립니다.

"아이고, 어르신. 오셨습니까요."

"가만있자, 시방 유유자적 산천경개 유람 나와 신선놀음하려는 이 분은 뉘댁 귀한 자제분이신고?"

"예에?"

예상치 못한 질문에 점순아범이 얼빠진 표정을 짓자, 최가는 이때다 싶어 입 안에 터질 듯이 물고 있던 호통을 벼락같이 내뱉었습니다.

"자네가 지금 한가롭게 단풍 구경이나 하러 올 새가 있는가 말이야! 지금 내 땅 붙여먹는 녀석들 소작료 제대로 셈해 받으려면 거기 딱 지키고 서 있어도 모자랄 판에!"

"저, 그게 점순이가 몇 날 며칠을 하도 성화를 부려서……."

"뭐야? 네 녀석이 그만치나 식구들 건사하는 게 다 누구 덕인데! 지금 내 말은 말 같지도 않고 네 자식 말이 더 중하단 말이냐?"

"아이고, 그럴 리가 있겠습니까요, 어르신. 그런 말이 아니오라……."

"됐네. 당장 그만둬! 너 같은 녀석에게 일을 맡기느니 우리 집 바둑이한테 일을 맡기지!"

"아이고, 어르신. 무슨 그런 참담한 말씀을 하십니까요. 제가 당장 내려가 아주 꼼꼼히 살피겠습니다. 그러니 부디 그런 말씀은 거두시지요. 제가 아주 죽을죄를 지었습니다요."

소작인들을 들들 볶는 기술이 탁월해서 자기와 죽이 잘 맞는 점순아범을 바꿀 마음은 사실 털끝만치도 없었지만, 최가는 있는 심술 없는 심술을 다 부려가며 시원하게 화풀이를 했습니다. 점순이가 저 멀리서 자기에게 분노의 주먹질을 날리고 있는 건 꿈에도 몰랐지만, 이렇게 오만 패악을 부려가며 화풀이를 하고 나니 마음속에 쾌청한 바람이 한 줄기 붑니다.

아따 시원하다. 그래, 너 아주 잘 걸렸다.

●

"저 심술쟁이 양반이 오늘 단풍 구경 허시다 단풍잎을 부쳐 드셨나, 왜 저리 난리인가. 에잇 퉤!"

점순이에게 다음번 장날에 꽃신을 사주겠다고 거듭 약속을 하고서야 단풍 구경을 작파하고 돌아설 수 있었던 춘삼은 배알이 꼴려 속이 부글부글 끓었습니다. 아니, 지키고 서 있으라는 건 또 무슨 심보야. 지키고 섰다고 그놈의 벼가 갑자기 두 배로 여물 건가, 세 배로 익을 건가. 땅 좀 있는 것 가지고 위세는. 가다가 거름통에나 빠져라.

평소에도 소작인들 대하기가 악독하기로 이름난 춘삼이었지만 오늘은 더더욱 독이 바짝 올랐습니다. 자기도 누군가에게 시원하게 쏟아부어야 속이 좀 풀릴 것 같았습니다.

그래, 내 밑에 있는 너희들도 어디 한 번 당해봐라. 이 녀석들을 어떻게 닦달질한다? 허허 저기, 논두렁에 모여 앉아 노닥거리는 녀석들 저거 누구야. 옳거니 잘 걸렸다. 노총각 영배, 홀어머니 모시고 사는 귀남이, 소문난 약골로 비리비리한 장군이. 내가 오늘 네 녀석들한테 제대로 똥을 싸주마.

"이 녀석들아!"

춘삼이 단전에서부터 끌어올린 소리를 버럭 지르며 달려들자 셋은 무슨 일인가 싶어 눈이 껌뻑껌뻑합니다.

"너희들이 지금 이렇게 태평하게 퍼질러 앉아 있을 때냐! 아주 내가 오냐오냐해줬더니!"

"말이야 바른말이지, 오냐오냐하신 적이 어딨습니까. 대체 왜 그러십니까."

영배가 넉살 좋게 대거리를 하다 멱살을 딱 잡혔습니다.

"영배 너, 말 잘했다. 내가 네 녀석이 중간에 소작료 떼먹는 거 모를 줄 알아!"

"아니 그게 무슨 소립니까. 왜 또 애먼 사람을 잡고 그러십니까."

"네 녀석이 허구한 날 장터로 놀러다니는 거 모를 줄 아느냐? 떡 사먹고 엿 사먹고 국밥 사먹고 구경허고, 그 돈이 다 어디서 났어!"

억울한 영배가 그게 무슨 생사람 잡는 소리냐고 한 마디 했다가 얼얼하게 뺨까지 얻어맞았습니다. 이 양반이 오늘 또 왜 이러시나.

풀 죽은 영배를 의기양양하게 바라보던 춘삼은 귀남과 장군에게도 연이어 침을 튀겨댑니다.

"귀남이, 너는 저번처럼 뭐 어머님이 편찮으시고 어쩌고 질질 짜는 소리 하면서 소작료 제대로 안 채우기만 해봐, 어디. 어머님이 편찮으시면 네가 더 죽을힘을 써서 일하면 되지. 어디서 요령을 피워!

그리고 너 장군이, 농사 그렇게 지으려면 관둬라. 내가 그동안 사정 봐준 게 얼만데, 이렇게 비리비리해서는……. 농사 때려치우고 다른 일 알아 봐! 열 살 먹은 우리 점순이가 너보다 낫겠다!"

부글부글 게거품을 물며 괜한 트집을 잡고 바락바락 소리를 지르는 춘삼 앞에서 셋은 고개를 푹 숙이고 아무 말도 하지 못했습니다. 셋의 얼굴은 똥 씹은 듯 구겨져 가고, 춘삼의 얼굴에는 점차 생기가 돕니다.

그럼 그렇지, 여기서는 내가 왕이다. 너희들 아주 잘 걸렸다.

하루 종일 허리가 휘도록 논밭을 매고 집으로 돌아가는 길, 노총각 영배는 여전히 구겨진 얼굴을 펴지 못했습니다. 이렇게 허리가 휘게 일해서 뭐하나. 어차피 그놈들이 다 떼어 가면 먹을 것도 얼마 없는데. 가진 것 없다고 괄시하고. 장가 못 갔다고 한심해하고. 에이, 이놈의 세상 다 망해 버려라.

터벅터벅 걷다가 대궐 같은 최가네 집 앞을 지나려니 더욱 심사가 뒤틀립니다. 누구는 부모 잘 만나 좋은 집에서 등 따뜻하고 배부르고, 누구는 팔자가 이렇게 생겨 먹어서 냉기 가득한 방에 혼자서……. 춘삼인지 삼춘인지는 대체 오늘 왜 그 난리람. 내가 억울하고 분해서 원.

길고 긴 담장을 돌아 걸어가는데 웬 누렁이가 털이 고운 흰둥이에게 수작질을 걸고 있는 모습이 보입니다. 아니, 이 녀석들이 지금 누구 앞에서……. 그래, 너희 잘 걸렸다.

영배는 오른다리를 힘껏 뒤로 뺐다가는 누렁이의 엉덩이를 시원하게 걷어차 버렸습니다. 깨갱거리며 죽네 사네 꼬리가 빠져라 도망가는 누렁이를 보니 킬킬킬 웃음이 납니다.

그래, 걷어찰 개라도 있으니 다행이다. 너 잘 걸렸다.

그리고 그렇게 깨갱거리며 울부짖은 누렁이는 결국, 초저

녁잠을 달게 자고 있던 최가를 깨우고 말았답니다.

"아니, 이 시간에 웬 개가 저리 짖는 거야?!"

친구들과 생각해 봐요

이 이야기는 사실 슬프게도 우리 주변에서 자주 일어나고 있어요.

　이 이야기와 비슷한 경우를 경험한 적이 있나요?

　회사에서 상사에게 혼난 아빠가 좋아하는 가수 콘서트에 가고 싶다는 누나에게 호통을 치고, 누나는 옆에 있던 나한테 신경질을 부리고, 나는 방으로 가서 만만한 동생의 인형을 빼앗고, 동생은 울며 골목을 걷다가 길고양이한테 화풀이를 하는 그런 상황 말이에요.

　이 세상에서 나보다 위에는 누가 있다고 생각하나요?

　나보다 아래에는 누가 있다고 생각하나요?

　나보다 약한 다른 사람에게 화풀이를 하면 기분이 어떤가요? 시원한가요 아니면 찝찝한가요?

　잘못이 없는 약한 사람에게 누군가가 화풀이를 하는 모습을 보면 나는 어떤 생각이 드나요?

　화는 끊임없이 아래로 아래로 옮겨질 수 있는 걸까요?

　화가 이리저리로 옮겨가며 떠돌면 세상은 어떻게 될까요?

　우리는 화가 났을 때 어떻게 풀면 좋을까요?

어른들과 함께 읽어요

일본 현대사상의 거장 마루야마 마사오丸山眞男(1914~1996)의 글「초국가주의의 논리와 심리」(1946)에 등장하는 **'억압의 이양에 의한 정신적 균형의 유지'**라는 현상을 설명하는 이야기입니다.

마루야마 마사오는 2차 세계대전 이후 일본 정치의 정신 상황을 진단하는 글에서 '억압의 이양에 의한 정신적 균형의 유지'라는 현상을 언급하는데요. 그의 글을 인용하자면 "위로부터의 억압이 아래쪽을 향해 순차적으로 이양되어 감으로써 전체의 균형이 유지되는 체계"를 말합니다. 쉽게 말하자면 군대에서 상관으로부터 호되게 질책을 받은 병장이 상병들을 소집해서 얼차려를 주고, 상병들은 다시 일병들을 모아 괴롭히고, 그렇게 당한 일병들은 다시 이병들을 모아 말도 안 되는 일을 시키며 자기가 위로부터 받은 억압을 이렇게 순차적으로 넘기고, 그런 방식으로 자신들의 정신적 균형을 유지한다는 말입니다.

마루야마 마사오는 특히 이 억압의 이양 원리가 국제적으로 연장되었던 모습을 반성적으로 살피는데요. 2차 세계대전 중에 "자국 내에서는 비루한 인민이며 영내에서는 이등병이지만, 일단 바깥에 나가게 되면 황군으로서의 우월적 지위에 섰던 일본의 말단 사병들이 중국이나 필리핀에서 보였던 포악한 행동거지"가 바로 이런 현상이라는 것입니다. 그는 메이지 유신 직후에 타올랐던 정한론, 즉 한국을 정벌하자는 주장도 동일한 맥락에서 바라봅니다. 서구 열강의 중압감이 피부로 느껴지자, 그들에게 맞았던 뺨을 어루만지던 일본이 만만해 보이는 이웃에게 공격 자세를 취했다는 것이죠.

> "압박을 이양해야 할 곳을 갖지 못한 대중들이 일단 우월적 지위에 서게 될 때, 자신에게 가해지고 있던 모든 중압으로부터 일거에 해방되려고 하는 폭발적인 충동에 쫓기게 된다."
> "앞에서의 치욕은 뒤쪽의 유쾌함에 의하여 보상받기 때문에 불만족을 평균하여 … 마치 서쪽 이웃에서 빌린 돈을 동쪽 이웃에게 독촉하는 것과도 같다."
> - 마루야마 마사오, 「초국가주의의 논리와 심리」 중에서

사다리의 아래로 내려갈수록 더욱 원초적인 만행을 저지르고 행동거지가 더 포악해진다는 점도 주목할 만합니

다. 압력이 눌리고 쌓이다 보면, **밑으로 갈수록 그 표출 방식이 더 잔인해지고 혐오와 분노의 농도도 짙어진다는 것이죠.**

　이 '억압의 이양에 의한 정신적 균형의 유지'라는 슬프고도 기괴한 현상을 저는 우리 사회에서 그대로 목격합니다. 약자에 대한 폭력, 외국인 노동자에 대한 차별과 혐오, 아동학대. 지나가던 떠돌이 개처럼 연약하고 힘 없는 사람들이 그 더러운 감정의 배출구가 되어 봉변을 당하는 것이 아닐까요.

모두가 더 만만한 누군가에게 화를 쏟아내는 세상에선 아무도 안전할 수 없어요.

분노와 혐오는 방치하면 언젠가 나에게 돌아오거든요.

특히 사다리의 아래로 갈수록 더 잔인해지는 게 안타깝지요. 그 분노와 혐오가 얼마나 불어날지, 어디로 튀어버릴지도 알 수 없어요.

우리 사회에 날로 부풀어가는 혐오를 누그러뜨리고 분노를 매만져 주는 일이 정말 시급하다고 생각합니다. 이런 분노와 혐오 사회의 역설은, 내가 내뱉은 분노가 어디론가 시원하게 사라지는 게 아니라 나 역시 그 탁하고 서슬 퍼런 공기 속에서 함께 숨 쉬며 살게 된다는 점입니다. 즉 그 사회의 일원인 **나 자신도 결국은 그 돌고 도는 분노의 희생양이 된다**는 점이죠. 이 세상에 내 일이 아닌 일은 없습니다. 불의와 혐오는 방치하면 언젠가 나에게 돌아옵니다. 천석꾼 최가로부터 시작된 폭탄, 그 폭탄의 종착역인 소작농 영배가 걷어찬 개가 깽깽거리며 크게 울부짖어 결국은 최가의 단잠을 깨우고 마는 것처럼요.

8

숲속 마을에 생긴 일

장 자크 루소, 인간 불평등 기원론

장 자크 루소 Jean-Jacques Rousseau

　원래 숲속에는 마을이 없었습니다.

　동물들은 각자 마음에 드는 적당한 곳에서 기분 좋게 살고 있었어요.

　오리는 숲속 연못가에,

　토끼는 양지바른 언덕에 있는 작은 굴에,

　다람쥐는 남쪽 도토리나무 숲에,

　공작새는 빨간 열매가 열리는 작은 덤불이 우거진 들판에,

　거북이는 넓게 펼쳐진 모래밭에,

　그리고 청설모는 북쪽에 있는 잣나무 숲에 각각 보금자리를 짓고 살았어요.

　서로 만나는 일도 없었답니다.

오리는 자신의 튼튼한 부리와 둥그런 엉덩이가 마음에 들었어요.

토끼는 언덕을 느릿느릿 산책하는 걸 좋아했고요.

다람쥐는 나무 구멍 안에 쏙 들어가는 자기의 작은 몸이 좋았습니다.

공작새는 꽥꽥 소리를 지르는 걸 좋아했지요. 자신의 노랫소리가 참 아름답다고 생각했거든요.

거북이는 자기가 몹시 빠르다고 생각했어요. 모래밭 이쪽 끝에서 저쪽 끝까지 가는 데 반나절이면 충분했으니까요!

청설모는 자기 털이 굉장히 보드랍고 보기 좋다고 생각했습니다.

그러다가 서로 만나게 된 동물들이 모여서 함께 살기 시작했어요.

모두들 친구가 되어 아껴주며 행복하게 살았을까요?

안타깝게도 그건 아니었어요.

동물 친구들이 모여 살면서 무슨 일이 일어났는지 한 번 살펴볼까요.

가장 먼저 일어난 일은 비교였어요.

동물 친구들은 각자가 원래 가지고 있던 모습이나 능력을 서로 비교하기 시작했습니다.

거북이는 자기가 빠른 게 아니라는 사실을 깨달았어요. 토끼가 달려가는 모습을 본 거북이는 놀라 뒤집어질 뻔했답니다. 토끼는 거북이 앞에서 뽐내느라 더 이상 느릿느릿 산책하지 않았어요.

"와, 토끼야. 그렇게 빨리 달릴 수 있다니 정말 멋지다. 너무 훌륭해. 나도 너처럼 빨리 달릴 수 있었으면 좋겠어."

숲속 동물들은 토끼가 빨리 달릴 수 있어서 근사하다고 말하며 부러워했습니다.

오리는 자기의 부리나 엉덩이가 생각만큼 근사하지 않다고 느꼈습니다. 모두가 공작의 화려한 무지갯빛 색깔이며 활짝 편 꼬리, 아름다운 깃털들을 찬양하기 시작했거든요.

대신에 공작이 노래를 할 때는 모두가 귀를 틀어막곤 했어요.

"아유, 그게 무슨 소리야. 이상한 소리 내지 말고 너는 그냥 조용히 꼬리나 쫙 펼쳐줘. 봐, 이렇게 아름답잖아."

다람쥐와 청설모는 서로를 바라보며 생김새가 비슷하다고 생각했어요. 하지만 마음속에는 예전에 가졌던 생각과는 정반대의 생각들이 떠올랐지요.

청설모는 자기보다 더 보드라운 털에다 꼬리도 풍성한 다람쥐의 모습에 질투가 났어요. 다람쥐는 청설모보다 훨씬 작은 자신의 몸집이 불만이었어요. 앞에 있으면 왠지 주눅이 들곤 했거든요.

자, 이제 동물들은 서로 인정을 받기 위해 이상한 일들을 벌이기 시작했습니다.

공작은 좋아하던 노래를 더 이상 부르지 않았어요. 노래를 부를 때마다 웃음거리가 되었거든요. 꼬리를 쫙 펴고 뽐내는 모습보다는 노래를 부를 때 더 행복했지만, 그리고 그게 더 나다운 모습이라고 생각했지만, 그 모습은 놔두고 다른 동물들이 부러워하는 모습으로 사는 게 좋다고 생각했어요. 부러움을 받으면 왠지 으쓱해졌거든요.

오리는 자기의 커다란 입 대신 공작처럼 조그맣고 날렵한 부리가 갖고 싶었어요. 튼튼하고 억세 보이기만 할 뿐 아무런 장식도 붙지 않은 엉덩이도 볼품없다고 생각했어요. 오리는 냇가 돌부리에 자신의 노란 부리를 짓찧으며 부리가 갈려 조그맣고 아름다워지기를 바랐어요. 깃털을 뽑아 발그레한 봉

170

숭아물이며 노란 치자 물에 담갔다가 다시 꽂아보기도 했지
만, 깃털이 엉덩이에 그렇게 박혀 있을 리가 없었죠. 오리는
너무 슬펐어요.

거북이는 달리기 시합에서 늘 자기를 이겨먹는 토끼가 너
무 얄미웠어요. 단 한 번이라도 저 녀석을 이겨서 코를 납작
하게 해주고 싶다, 늘 바라고 또 바랐지요. 그러던 어느 날, 거
북이는 자기가 떠올린 생각에 흠칫 놀랐어요.

'토끼 저 녀석의 다리를 부러뜨릴까. 그러면 걷지도 못
할 거 아니야?'

처음에는 마음으로만 갖던 생각이었는데, 토끼의 빠른 뒷
다리를 볼 때마다 나쁜 마음은 점점 커졌어요.

⚫

그러던 어느 날 밤, 거북이는 진짜로 계획을 실행에 옮겼어
요. 보름달이 뜬 밤이면 토끼가 높은 절벽 끝 바위에 걸터앉
아 달님 안의 토끼들이 절구질하는 모습을 바라본다는 사실
을 알게 된 거북이. 보름달이 뜨던 밤, 거북이는 미리 절벽에
가서 껍데기 안에 몸을 밀어 넣고 바위처럼 몸을 웅크리고 있
었어요. 그러고는 토끼가 아무 의심 없이 자기 등껍데기 위에

171

걸터앉자 몸을 휙 일으켜 토끼를 절벽 아래로 떨어뜨리고 말았답니다. 크게 다친 토끼는 그 뒤로 다리를 절게 되었지요. 거북이는 속으로 쾌재를 불렀답니다. 후후, 이제는 내가 더 빨라.

청설모는 조그만 꼬마 다람쥐가 자기 앞에서 주눅이 드는 모습이 웃겼어요. 좋아, 나를 무서워한단 말이지?

"야, 너 이리 좀 와봐."

다람쥐가 쭈뼛거리며 눈도 마주치지 못하고 그 앞에 서자 청설모가 말했어요.

"너 입 안에 든 거 뭐야. 내놔 봐."

다람쥐는 아까 맛있는 밤 두 알을 발견하고 그걸 입에 볼록하게 넣어 가져가던 참이었거든요. 다람쥐가 오들오들 떨며 입 안의 밤을 뱉자 청설모는 히죽 웃었어요.

"와, 내가 좋아하는 거네? 고마워."

가을이 되었어요. 다람쥐가 열심히 나무 구멍 안에 그득하게 모아 놓은 도토리며 잣, 밤을 발견한 청설모는 씩 웃었어요.

"이거 나 주려고 모아둔 거야? 고마워."

"저기, 나 이걸로 겨울 나야 되는데……."

"응, 지금부터 또 모으면 되잖아. 할 수 있지?"

그렇게 작고 힘없는 다람쥐는 점점 청설모의 노예와 다름

없는 생활을 하게 되었습니다.

이렇게 숲속 마을은 점차 이상해져 갔어요.

공작은 노래가 너무나 부르고 싶었습니다. 얼굴에 거짓 가면을 쓰고 살려니 좀이 쑤셔 견딜 수가 없었어요.

좋아, 친구들이 없는 곳으로 아주 멀리 가서 하루 종일 신나게 노래를 부르고 와야겠다.

이렇게 마음먹은 공작은 길을 떠났습니다.

그렇게 한참을 걷고 또 걷고, 일주일을 꼬박 걸은 공작은 드디어 새로운 숲을 만났어요.

와아, 여기서 노래를 하면 되겠다.

흠흠, 목소리를 가다듬은 공작은 노래를 부르기 시작했어요.

공작의 노랫소리를 듣고 이 숲의 새들이 모여들었습니다.

제비며 비둘기, 독수리, 까마귀…….

공작에게는 처음 보는 새들이 많았습니다.

하지만 그중에 색이 찬란하거나 깃털이 화려한 새는 하나도 없었어요.

어, 뭐야. 다들 못난이들이네.

공작은 으스대는 마음으로 쫘악 깃털을 펼쳤습니다.

"뭐야, 저 흉하게 생긴 새는."

"저 새 좀 봐. 너무 이상해. 깃털에 눈이 막 달려 있는 게 꼭 괴물 같아."

"노랫소리가 좋아서 와봤는데, 에그머니! 저게 뭐야."

"너무 징그러워. 쫓아내자."

새들이 모두 달려들어 발톱으로 할퀴고 부리로 쪼아대는 통에 공작은 혼비백산해서 숲을 뛰쳐나오고 말았답니다.

공작은 숨을 몰아쉬며 생각했어요.

'어, 이상하다. 나는 아름다운 새인데, 내가 제일 예쁜데. 왜 이 숲에서는 나를 아름답다고 생각하지 않지? 왜?'

친구들과 생각해 봐요

숲속 마을 이야기가 재미있었나요?

혹시 읽기 불쾌하거나 조금 무섭지는 않았나요?

무서운 부분이 있었다면 어느 부분이, 왜 무서웠나요?

공작이 살던 숲에서는 왜 공작을 아름답다고 생각했을까요?

새로운 숲에서는 왜 공작을 아름답지 않다고 생각했을까요?

공작이 살던 숲에서는 모두 공작의 노랫소리를 싫어했는데, 새로운 숲의 새들은 왜 공작의 노랫소리가 아름답다고 생각했을까요?

우리 교실에서는 누가 제일 예쁜가요?

우리 학교에서는 누가 제일 잘생겼나요?

우리는 무얼 보고 예쁘고 잘생겼다고 말하나요?

비교를 당해서 슬프고 기분 나빴던 적이 있나요?

우리 반에서 인기가 많은 친구는 무엇 때문에 인기가 많은가요?

나도 그 친구처럼 인기가 많아지고 싶다고 생각하나요?

어떻게 그렇게 될 수 있을까요?

인기가 많은 친구가 부러워서 나쁜 마음을 품어 본 적이 있나요?

예뻐지고 인기가 많아지면 나는 행복할까요?

어른들과 함께 읽어요

장 자크 루소Jean-Jacques Rousseau(1712~1778)의 『인간 불평등 기원론Discourse on the Origin and Basis of Inequality Among Men』(1755)에 담긴 자연 상태를 동물 이야기로 쉽게 풀어보았습니다. 앞서 우리는 홉스의 '자연 상태'를 살펴본 적이 있었죠.

1753년 프랑스 디종 아카데미에서 '인간 불평등의 기원은 무엇인가'라는 주제로 상금을 걸고 논문을 공모한 적이 있는데, 이 근사한 질문에 루소가 패러독스 넘치는 매력적인 문장들로 제시한 톡 쏘는 답변이 바로 『인간 불평등 기원론』입니다. 주어진 질문에 대한 루소의 답변은 간단히 말하자면 이렇습니다. **"인간들이 모여 살고 서로 비교하기 시작하면서 인간들 사이에 불평등이 싹튼다."**

루소에 따르면 자연 상태에는 루소가 '고귀한 야만인noble savage'이라고 부르는 미개인들이 제각기 흩어져서 살고 있는데, 이들 사이에는 자연적, 신체적 불평등natural or physical inequality이 존재합니다. 쉽게 말하자면 다 다르게 생겼다는 거죠. 머리숱이 많은 사람, 머리숱이 적은 사람, 배가 좀 나온 사람, 마른 사람. 능력도 다 다릅니다. 시력이 남들보다 좋아서 사과나무를 더 잘 발견하는 사람과 그렇지 못한 사람, 남들보다 빨라서 사과나무까지 더 잘 뛰어가는 사람과 그렇지 못한 사람, 이렇게 자연적인 능력의 차이가 존재하는 것이죠. 같은 호박이라도 애호박, 늙은 호박, 가을에 장식용으로 쓰이는 호박의 생김새가 천차만별이듯이, 원래 세상에는 다양한 모습과 능력을 가진 존재들이 가득합니다. 하나하나가 모두 다르고, 또 그렇게 달라서 예쁘고 의미 있는 것이죠.

그런데 각기 다른 신체 조건과 다양한 능력을 가진 이 야만인들이 모여 살게 되면 **자연적, 신체적 불평등이 도덕적, 정치적 불평등**moral or political inequality**으로 변한다**고 루소는 말합니다. 도덕적, 정치적 불평등이 된다는 건, 그저 '차이'였을 뿐인 것들이 사회 안에서 어떤 주관적 의미를 갖게 되고, 사람을 '차별'하는 기준으로 바뀌는 걸 말해요. 예를 들면, 원래는 그냥 눈이 큰 사람이었고 거기에 아무 뜻도 없었는데 "저 사람은 눈이 크기 때문에 더 예쁘네"가 되고, 원래는 그냥 달리기가 좀 빠를 뿐이었는데 "저 사람은 달리기가 빠르니 정말 멋지다"가 되는 것. 즉 나보다 더 월등한 인간이 되는 것이고, 부러움의 대상이 되는 것이죠.

이 차이가 사회적 의미를 갖게 되는 객관적 기준은 없습니다. 사실 굉장히 주관적이지요. 한때 중국에서는 여성의 발이 기이할 정도로 작은 것을 아름답다고 여겨 전족이 유행했고, 치앙마이 북부 산악지대에 살고 있는 카렌족은 목이 길어야 미인이라 생각해 아직도 목에 겹겹이 두꺼운 링을 걸고 있다고 합니다. 자기가 있던 숲에서는 아름답다고 칭송받았지만 다른 숲에 가서는 괴물처럼 흉하다고 놀림을 받게 되는 공작새 이야기를 통해 기준의 상대성, 가치의 주관성이라는 화두를 고민해 볼 수 있을 것입니다.

인간들이 모여 살게 되면 이렇게 신체와 능력의 차이가 확연히 눈에 띄게 되고, 그러면 모두의 마음속에 남보다 돋보이고 싶고 인정받고 싶은 욕망이 생겨납니다. 루소에 따르면 이런 **허영심과 인정 투쟁 때문에 인간들의 불행이 시작된다**고 해요. 이 투쟁은 남들에게 인정을 받기 위한 투쟁이기 때문에 그 안에 불행의 씨앗이 내포되어 있습니다. 내가 스스로 아무리 예쁘다고 생각해 봤자, 남이 그렇게 인정하지 않으면 나의 허영심은 채워지지 않으니까요. 더 사랑받고 더 인정받기 위해서 본래의 나와는 다르게 남이 좋아하는 방향으로 나를 꾸며야 하므로 나의 내면과 외면이 달라지는 상황, 즉 가면을 쓰는 자기 분열의 상황이 초래됩니다. 작가이자 방송인인 허지웅 씨가 말한 적이 있죠.

남에게 사랑받기 위해서 너무 많은 시간과 노력을 기울이면 결국 세상에서 제일 인기 많은 시체가 된다고요.

더 중요한 것은, 허영심은 절대적 기준보다는 관계적으로 구성되는 기준을 기반으로 한다는 점입니다. 절대평가가 아니고 상대평가인 셈이죠. 내가 여기에서 저기까지 10초에 뛸 수 있는 게 중요한 게 아니라, 15초가 걸리더라도 내 옆에 있는 저 녀석보다 잘 뛰는 게 중요한 겁니다. 따라서 내

토끼가 그저 산책 길의 꽃향기에 행복했다면, 거북이 혼자 모래밭에서 즐거웠다면, 서로 뽐내거나 미워하지 않았다면 어땠을까요?

우열을 가리는 기준을 만들고 남과 나를 비교하며 질투할수록 우리는 스스로 불행해져요.

181

기록을 단축하는 것보다 상대와 나의 거리를 최대한 벌리는 것이 중요해지죠. 상대와의 거리를 벌리는 방법에는 두 가지가 있습니다. 내가 운동을 열심히 하고 연습을 많이 해서 저 친구보다 빨리 뛰든지, 아니면 저 친구가 다리를 다쳐서 잘 못 뛰게 되든지. 루소는 결국 이 허영심이 인간들로 하여금 타인에게 적극적 위해를 가할 충분한 이유를 제공한다고 봅니다. 이야기 속 거북이처럼, 나보다 뜀박질을 잘하는 녀석의 다리를 분지르게 되는 거죠. 이런 상황이 극단적으로 가게 되면 한쪽이 다른 쪽을 착취하는 노예제나 신분제 같은 계급 제도가 만들어지게 됩니다.

비교하면 불행해지고, 서로를 해하게 됩니다.

루소는 그렇게 인간 사회가 타락한다고 생각했습니다.

그 안에서는 아무도 자유롭지 못하며, 결국 자기마저도 파괴하는 악순환만 계속된다고요.

9

우리 몸에
쌓여 있는 이야기

미셸 푸코, 감시와 처벌

미셸푸코 Michel Foucault

이번 동화에서는 우리 몸에 대한 얘기를 할 거예요.

몸이 그냥 몸이지, 거기에 무슨 이야기가 있냐고요?

아무렴요. 우리 몸에는 엄청난 이야기가 쌓여 있답니다.

첫 번째 이야기, 벌 받는 사람들

• 1757년, 다미엥

　여기는 프랑스 파리. 루이 15세를 죽이려다 실패하고 체포된 다미엥에게 끔찍한 형벌이 내려졌습니다. 잔인한 걸 싫어하는 어린이는 잠시 눈을 감았다가 다음 부분을 살짝 건너뛰고 읽으세요!

"손에 2파운드 무게의 뜨거운 밀랍으로 만든 횃불을 들고, 속옷 차림으로 파리 노트르담 대성당 정문 앞으로 실려와 공개적으로 사죄를 할 것. 그레브 광장으로 옮겨져 처형대 위에서 뜨거운 쇠집게로 고문을 당할 것. 오른손은 국왕을 살해하려 했을 때의 단도를 잡게 한 채 유황불로 태울 것. 몸은 네 마리의 말이 잡아끌어 사지를 끊은 뒤 불태워 없애고 재는 바람에 날려 버릴 것."

이 요란하고 끔찍한 장면은 엄청난 구경거리가 되었습니다. 광장에 모인 사람들은 소리를 지르고 눈을 질끈 감아가며 이 모습을 지켜보았어요. 그런데 이 모습을 본 사람들 마음속에는 무슨 생각이 들었을까요?

가브리엘은 이렇게 생각했어요.

'오늘 잠은 다 잤네. 너무 끔찍하고 무서워. 나는 절대로 저렇게 되고 싶지 않아. 죄를 짓지 말아야지.'

마리는 이렇게 생각했습니다.

'근데 너무 잔인하다. 불쌍해라. 꼭 저렇게까지 해야 하나?'

소피도 이상한 생각이 들었어요.

'왕을 죽이려고 했던 게 무서운 범죄라면서, 자기들도 똑같이 사람을 죽이고 있잖아?'

마리우스에게는 왠지 불만스러운 마음이 들기 시작했답니

다.

'사실 말이야 바른말이지, 우리 임금님이 뭐 하나 제대로 하는 게 있어? 우리 같은 가난한 사람들만 파리 목숨처럼 죽어나는 거지……'

• 1832년, 가브로쉬

가브로쉬는 죄를 짓고 파리의 소년 감화원에 수감되어 있습니다.

이곳에 갇힌 소년들은 겨울에는 여섯 시, 여름에는 다섯 시에 일어납니다.

첫 번째 북소리가 울리면 조용히 일어나서 옷을 입어요. 간수가 독방의 문을 엽니다.

두 번째 북소리가 울리면 침상에서 내려와 침구를 정돈합니다.

세 번째 북소리가 울리면 성당에 아침 기도를 하러 가기 위해 줄을 섭니다.

30분 정도 기도와 독송을 하고, 마당으로 나가 세수를 하고 빵을 받아먹습니다.

오전에는 일을 하고 점심을 먹은 뒤, 두 시간 정도는 교실에서 공부를 합니다.

읽기, 쓰기, 계산하기의 순서대로 시간표가 짜여 있어요.

북소리가 울리면 다시 일을 시작합니다.

저녁을 먹고 잠시 쉰 뒤에는 또 일을 하지요.

하루 일과는 여름에는 여덟 시, 겨울에는 아홉 시까지 지속됩니다.

저녁 기도와 독송을 마치면 다시 손을 씻고 의복 검사를 받은 뒤 독방으로 들어갑니다.

첫 번째 북소리가 울리면 옷을 벗고, 두 번째 북소리가 울리면 침상에 들어가야 합니다.

이제 벌을 받는 일은 더 이상 구경거리가 아니에요. 아무도 가브로쉬를 보고 돌을 던지거나 손가락질하지 않습니다. 세상과 이곳의 소년들 사이에는 높은 담벼락이 있거든요.

더 이상 몸을 때리고 부수지는 않지만, 대신 정해진 규격과 틀에 정신을 맞추어야 합니다.

시뻘건 피 대신에 빈틈없이 꽉 짜인 시간표가 등장했고, 잔인한 도구를 든 집행인 대신에 얼굴이 보이지 않는 조용한 관리인들이 생겼습니다.

이제 벌은 몸에 가해지는 것보다는 좀 더 부드럽게, 그러나 집요하게, 정신을 통제하는 방법으로 바뀌었어요.

가브로쉬는 북소리를 들을 때마다 온몸이 긴장됩니다.

소년 감화원에서 가브로쉬의 작은 몸은 끊임없이 뭔가를 생산해 내고, 늘 온순히 복종하는 몸이 되었습니다.

• **1939년, 이연호**

고등학생인 연호는 항일운동을 하다가 잡혀 서대문 형무소에 갇혀 있습니다.

서대문 형무소는 구조가 특이해요. 파놉티콘이라는 희한한 이름이 붙은 감옥이랍니다. 파놉티콘은 모든 것을 한눈에 볼 수 있다는 뜻이에요. 감옥에는 중앙사가 있고, 옥사들은 바

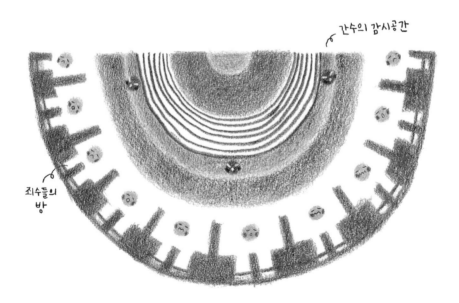

파놉티콘: 최소의 인력으로 최대의 감시효과를!

1939, 서대문 형무소

로 이 중앙사로부터 연결되어 있어요. 중앙사에서는 죄수들
이 갇힌 옥사들을 전부 다 볼 수 있지만, 옥사에 있는 죄수들
은 간수들을 부르기도 힘듭니다. 운동을 하는 곳을 격벽장이
라고 부르는데, 그곳도 부채꼴 모양으로 되어 있어요. 그래서
그곳에 있는 죄수들을 간수가 한눈에 내려다볼 수 있습니다.

죄수들이 있는 방은 밝아서 안에 있는 사람의 행동이 하나하나 보입니다. 하지만 중앙의 감시 공간은 어두워서 거기에 사람이 있는지 없는지 구분하기가 어려워요. 관리인들은 이렇게 더욱더 보이지 않는 곳으로 숨어 버렸지요.

연호는 이렇게 매일, 매시간, 매분, 매초, 24시간 누군가 자신을 보고 있는 느낌이 듭니다. 어둠 속에서도 마찬가지입니다. 내 눈에는 보이지 않는 누군가의 눈이 나를 매섭게 바라보고 있는 것 같아 오싹해요.

연호는 자기를 계속 따라다니는 그 눈동자의 느낌 때문에 스스로 조용히 규율을 지킬 수밖에 없습니다.

그런데 그거 아세요? 중앙사에 가끔 사람이 없을 때도 있다는 것. 하지만 사람들은 그 텅 빈 어둠 앞에서 자기도 모르게 몸이 움츠러드는 거죠.

관리인들은 이렇게 스스로를 숨김으로써, 그 자리에 있지 않고서도 죄수들을 손쉽게 통제할 수 있게 되었습니다. 어떤가요. 대단하지 않나요?

두 번째 이야기, 바른 몸가짐

다음 글을 읽어볼까요. 프랑스에 실제로 있었던 문서들이에요.

• 1764년, 병사

"모집된 신병들은 머리를 뽐내듯이 꼿꼿하게 세우며, 등을 굽히지 않은 채 똑바로 서고, 배를 내밀며, 가슴을 펴고, 등을 당겨야 한다. 신병들에게 이런 습관을 들이기 위해 벽에 기댄 채 이 자세를 유지하도록 한다. 이때 발뒤꿈치, 종아리, 양어깨, 몸통을 벽에 밀착시켜야 하고, 양손의 등 역시 벽에 닿아야 한다. 시선은 결코 땅 쪽으로 고정시켜서는 안 되고 상대방을 과감히 주시하고, 명령을 기다릴 때는 부동자세로 있을 것. 이렇게 농민의 몸가짐을 추방해 버리고 대신 군인의 몸가짐을 심어야 한다."

• 1828년, 학생

"글씨를 잘 쓰려면 상체를 펴고, 왼쪽으로 조금 기울여 힘을 빼고, 팔뚝을 책상 위에 놓고, 어느 정도 앞으로 기울인 자세가 되어야 한다. 왼발은 책상 아래에서 오른발보다 약간 앞으로 내밀어야 한다. 상체와 책상은 손가락 두 개 정도의 간격을 유지하는 것이 좋다. 오른팔은 상체에서 손가락 세 개정도의 폭만 떨어뜨리고, 책상에서 손가락 다섯 개 정도 띄울 것. 오른팔은 책상 위에 가볍게 올려둘 것. 아동이 이런 자세에서 벗어날 경우, 교사는 신호를 보내거나 기타의 방법으로 고쳐주도록 한다.”

이 시절의 프랑스에서는, 군인은 멀리서도 알아볼 수 있는 사람이어야 한다고 했어요. 1636년에 몽고메리라는 사람이 쓴 『프랑스의 군대』라는 책에 다음과 같은 이야기가 있어요.

“군인이라는 직업에 적합한 사람은 꼿꼿이 세운 머리, 치켜올린 가슴, 넓은 어깨, 긴 팔, 튼튼한 손가락, 홀쭉한 배, 굵직한 허벅다리, 날씬한 다리, 단단한 발을 가져야 합니다. 이런 신체 조건을 가진 사람은 날렵하고 강인하겠죠. 행진할 때는 최대한의 우아함과 장중함을 나타내는 발걸음으로 박자에 맞춰 걸어야 합니다.”

이대로라면 뚱뚱한 배를 가진 우리 아빠는 군인이 될 수 없겠어요. 사고로 다리를 약간 저는 앞집 형도요.

그리고 글씨를 저렇게 쓰려면……

아니 잠깐, 나는 왼손잡이인데?

• 17세기, 병사의 행진

"북의 박자에 맞추어 행진하려면 모든 병사가 동시에 오른
쪽부터 발을 내디뎌야 한다."

• 18세기, 병사의 행진

"걸음걸이에는 네 가지 종류가 있다. 보폭이 1피트 되는 좁은
걸음, 보통 걸음, 속보, 간격이 2피트 되는 행군 보조의 보폭.
속도는 좁은 걸음과 보통 걸음일 경우 한 걸음에 1초로 하고,
속보는 그 사이에 두 걸음을 걷는 것으로 하며, 행군 보조의
경우에는 걸음당 1초를 약간 넘도록 한다. 보통 걸음으로 전
진할 경우 얼굴은 들고 몸은 곧추 세우며, 다른 한쪽 다리는
무릎을 펴고 그 발끝은 약간 바깥쪽으로 향하게 한 채 낮게
하여 선멋을 부리지 않고 지면을 스치게 할 것, 또한 발바닥
전체가 지면을 내려치지 않고 누르듯이 발을 내려 행진할 것."

1세기는 백 년이에요. 백 년 동안 행진에 관한 규정이 엄청

나게 자세해졌네요. 저렇게 초 단위로 시간을 맞춰가며 발끝, 발바닥, 무릎까지 신경을 쓰면서 행진해야 된다면 다리가 꼬여서 한 발자국도 못 걸을 것 같은데.

저렇게 동작이며 자세, 속도까지 세세하게 규율하는 이유가 뭘까요? 아, 군대는 전쟁을 대비하는 곳이니까 원래 규율이 복잡하고 강해야 한다고요? 그렇다면 다음의 이야기를 읽어 볼까요.

• 1983년, 학교

정환이는 서울 강남구에 있는 학교에 다녀요.

학교에 도착하면 구령대 쪽에 가방을 놓고 운동장을 두 바퀴 뜁니다. 어린이들의 체력을 키우기 위해 교장 선생님께서 그렇게 하라고 하셨어요. 주번인 친구가 일찍 와서 명단을 들고 있다가 뛴 아이들 이름 옆에 동그라미를 그려 넣습니다. 동그라미를 확인한 정환이는 책가방과 도시락 가방을 챙겨들고 교실로 향해요. 학교에서는 실내화를 갈아 신어야 하지요. 실내화를 신지 않은 친구, 복도에서 좌측통행을 하지 않거나 뛰어다니는 친구들은 선생님께 야단을 맞아요.

월요일에는 전교생이 운동장에 모이는 조회가 있어요. 학년별로, 반별로, 앞으로 나란히. 앞사람 어깨에 두 팔을 쭉 뻗

1983, 서울의 학교

고 키 순서대로 줄을 가지런히 서야 해요. 줄이 비뚤어지면 반장이 소리를 질러요. 막대기를 가지고 다니는 선생님이 쿡 쿡 찌르기도 하고요. 그렇게 차려 자세로 반듯하게 서서 교장 선생님 말씀을 듣고, 조회도 하고, 체조도 해요. 더운 여름에 교장 선생님의 훈화 말씀이 길어지면 몸이 약한 친구들은 정 신을 잃고 쓰러지기도 한답니다.

　수업 시간에는 바른 자세로 앉아야 해요. 허리를 펴고, 가슴과 책상 사이에 달걀이 하나 들어갈 정도의 거리를 두고, 엉덩이는 의자 깊숙하게 넣고요. 수업 시간에 장난치거나 떠들면 안 됩니다. 선생님이 시키시면 자리에서 벌떡 일어나 큰 소리로 책을 읽어야 해요.

점심시간에는 밥을 바로 먹으면 안 돼요. 도시락을 열어서 책상 위에 놓고, 먼저 선생님의 검사를 기다립니다. 쌀밥만 먹는 것은 건강에 좋지 않기 때문에 꼭 보리나 조, 콩, 수수 같은 잡곡을 섞은 밥을 싸와야 해요. 선생님은 쌀밥을 싸온 친구들의 이름을 수첩에 적어 둡니다.

누가 수업 시간에 자세가 나쁜가, 누가 손톱이 길고 머리가 덥수룩한가, 단정치 못한 행동을 하고 장난치며 떠드는 사람은 누구인가, 이런 모든 것들이 기록됩니다. 숙제를 해오지 않은 아이들은 손바닥을 맞거나, 복도로 나가 벌을 서거나, 남아서 숙제를 해야 해요.

어떤가요.

앞서 읽은 18세기 프랑스 병사의 행진만큼은 아니지만 20세기 대한민국의 어린이도 꽤 많은 규율을 지키며 살지 않았나요?

엄마 아빠들은 대체로 이런 모습으로 학교를 다녔어요.

틈틈이 장난도 치고 재미있는 일도 많이 벌였지만, 그래도 줄 서는 데 익숙하고, **통제받고 평가받는 데 익숙한 생활**을 하며 자랐지요.

선생님들은 항상 말씀하셨어요. 바른 몸가짐을 가지고 항상 정숙하고 단정하게 생활하라고.

아, 요즘도 듣는 말이라고요?

나는 지금 어떤 모습으로 학교를 다니고 있나요?

나의 몸은 자유로운가요?

친구들과 생각해 봐요

우리의 몸과 정신은 밀접한 관계를 맺고 있어요.

그래서 예전부터 몸을 어떻게 사용하고 단련할 것인가, 어떻게 몸을 규율할 것인가 하는 문제는 늘 중요했어요.

첫 번째 이야기는 처벌에 관한 이야기였어요.

형벌을 받는 모습이 변하는 과정을 보면서 어떤 마음이 들었나요?

요즘에는 꼭 죄를 짓지 않아도 수많은 CCTV들이 밤낮으로 우리를 쳐다보고 있어요.

CCTV는 우리를 안전하게 해주나요? 아니면 불편하게 하나요?

두 번째 이야기는 바른 신체를 만드는 이야기였는데요.

그런데 사회에서 원하는 바른 몸가짐을 하지 못하는 경우에, 정신마저 바르지 못한 사람으로 낙인을 찍는 경우가 있었답니다. 예를 들어 왼손잡이는 많은 사회에서 한동안 '비정상'이고, 교정의 대상이었죠. 꼭 고쳐야만 했어요.

왼손잡이는 정말 '비정상'일까요?

다리를 절고, 한쪽 귀가 잘 들리지 않는 사람은 '비정상'

일까요?

'정상'이란 것은 무엇일까요?

엄마 아빠들이 학교를 다니던 시절의 이야기를 듣고서 어떤 생각이 들었는지 궁금해요.

나는 지금 어떤 모습으로 학교를 다니고 있는지, 내 몸이 자유롭지 못해서 내 마음도 위축되었던 경험이 있었는지도 생각해 볼까요?

어른들과 함께 읽어요

프랑스 철학자 미셸 푸코^{Michel Foucault}(1926~1984)의 『감시와 처벌^{Discipline and Punish}』(1975)에 나오는 내용들을 담았습니다. 기본적으로는 무게감이 있는 주제들이라 동화로서는 초등학교 고학년을 대상으로 생각하고 썼습니다. 잔인한 부분을 좀 순화하거나 긴 부분을 줄이긴 했지만, 이 글에 담은 프랑스 이야기들은 모두 푸코의 『감시와 처벌』 안에 실제로 들어 있는 내용입니다.

『감시와 처벌』의 부제는 '감옥의 역사'지만, 푸코가 감옥의 역사와 근대적인 형벌 제도의 탄생 그 자체를 기록하려고 이 책을 쓴 것은 아닙니다. 오히려 백 년도 안 되는 기간 동안 형벌 사회에서 규율 사회로 극적인 변화를 이룬 것을 무슨 계몽주의나 인본주의의 승리로 바라보는 안일함을 경계하고 싶었던 것이죠. 사실은 권력의 새로운 통제 기술이 등장한 것이고, 그 안에는 보다 세밀한 전략적 의도가 있었다는 점을 푸코는 밝히고 싶었던 것입니다. **보다 안온한 방법으로, 보다 세밀하게 우리를 통제하려는 기술**. 사실 공개적으로 처형식을 하다 보면 군중들이 그 무시무시한 권위에 반감을 갖고, 잔인하게 죽어가는 상대 쪽으로 동화되는 경우도 있었으니까요. 그렇게 대안적이고 획기적인 감옥의 형태로 영국 철학자 제러미 벤담이 설계한 파놉티콘은 사실 감옥으로서 현실화된 경우는 흔치 않은데, 얄궂게도 서대문 형무소가 파놉티콘 형식으로 지어졌다는 점도 알리고 싶었습니다.

개인의 신체를 시대와 장소에 따라 서로 다른 권력 관계들이 교차하는 공간으로 파악했던 통찰력. 규율이라는 것을 폭력적이지 않으면서도 최대한의 효과를 낼 수 있는 경제적인 기제로 바라보았던 안목. 또 이런 규율과 규범은 동질성을 강제하게 되므로 규범이 있는 곳에는 반드시 정상과 비정상을 구분하는 기준이 존재하기 마련이고 그것이 얼마나 폭력적일 수 있는지를 연결시키는 부분까지, 고루 감탄하면서 읽었던 책입니다. 저는 개인적으로 외국 생활을 시작하면서, 제 몸이 어릴 적부터 얼마나 한국 여성의 몸가짐으로 규율되어 왔는지, 그동안 얼마나 위축되어 왔는지를 강렬하게 깨달았던 순간들이 많았습니다. 그간은 너무 당연하고 자연스러워서 몰랐던 것들이었죠.

부드럽게, 잘 보이지 않는 방식으로 물 샐 틈 없이 세밀하게 **일상으로 파고든 권력.** 이는 자유주의 국가의 탄생과

궤를 같이하는 아이러니를 낳습니다. 끊임없는 감시와 처벌이 자유주의와 함께 간다는 것. 어찌 보면 흥미롭고, 어찌 보면 오싹하지 않나요? '자유주의 국가'라는 달콤한 말에 그저 마음을 놓아서는 안 되는 까닭이 여기에 있습니다.

"규율은 복종되고 훈련된 신체, 순종하는 신체를 만들어 낸다"라는 푸코의 말은 이제 규율을 강제할 수 있는 지위, 즉 부모나 어른이 된 우리를 돌아보게 하는 지점이 있습니다. 감옥에서 쓰이던 파놉티콘은 이제 감옥을 넘어 사회 전반에 모습을 드러내고 있고요. 파리바게뜨 제빵 노동자들이 국가인권위원회에 진정서를 제출했던, CCTV를 통한 작업 현장 감시 역시 디지털 파놉티콘을 이용한 통제라고 할 수 있을 것입니다. 점주가 CCTV로 고용인들의 일거수일투족을 감시하다가, 토스트를 만들려던 고용인에게 전화를 걸어서 '그 옆에 있는 빵으로 해라' 하고 말했다는 이야기에 많은 사람들이 경악했던 기억이 납니다. 시간은 흘렀지만 세밀하게 우리의 일상을 움켜쥐려는 권력의 본질은 변하지 않았고, 디지털 기술이 본격화된 시대에는 더욱 필요한 성찰이 아닌가 싶어 이 주제를 다뤘습니다. 최근기 소르망의 성범죄 증언 때문에 푸코의 철학을 들여다보는 마음이 조금 뜨악해진 감이 있습니다. 그럼에도 불구하고 현대 철학에서 빼놓을 수 없는 논의들을 남겼고 이 시대를 사는 우리에게 특히 의미 있는 질문들을 많이 던졌기에 푸코를 골랐습니다. 좋은 생각거리가 되었으면 하는 마음입니다.

이 시대의 규율과 규범,
디지털 기술 등이
권력의 통제를 강화하는 쪽으로
진화하고 있지 않은지,

국가나 기업 같은
시스템뿐만 아니라
부모이자 어른인 나부터
그것들을 이용하고 있지 않은지,
돌아볼 필요가 있습니다.

10

색깔 나라의
이름들

공자, 화이부동과 정명

공자 孔子

색깔 나라에는 여러 색깔이 살아요.

빨강, 노랑, 파랑뿐 아니라 주홍, 다홍, 선홍, 암홍, 연홍, 심
홍, 담홍… 모여 있으면 홍홍거리는 귀여운 홍색 친구들도 많
고요. 감색과 살구색, 쑥색, 겨자색처럼 자연의 예쁜 색감을
이름으로 가진 친구들도 있어요. 진주색, 옥색, 비취색, 호박
색, 산호색, 금색과 은색처럼 보석과 광물에서 반짝이는 멋진
이름을 받은 친구들도 있지요.

초록도 한 가지 색이 아니에요. 어떤 색이 섞였는지, 채도와
명도는 어떤지에 따라서 연두, 청록, 유록, 흑록, 뇌록, 진녹,
암녹, 심녹, 선녹… 수많은 초록 계열 색들이 나무와 수풀을
더욱 싱그럽고 깊이 있게 채워 줍니다. 세상에 초록이라는 한
가지 색만 있었다면 산과 들과 숲의 느낌이 얼마나 심심했을

까요?

파랑도 마찬가지예요. 바다색, 물색, 하늘색, 쪽색, 남색뿐 아니라 북청, 감청, 회청, 녹청, 담청, 은청, 연청, 심청, 암청… 다양하고 예쁜 파랑들이 하늘과 물을 다채롭고 사랑스럽게 칠해 주지요. 시시각각 오묘하게 변하는 하늘과 바다를 유심히 바라본 적이 있다면, 파랑은 단순히 한 가지 색이 아니라는 사실을 아마 잘 알고 있을 거예요. 이 파랑 계열 친구들은 심심하게 그저 '파랑'으로 불리기보다는 이렇게 자기들의 개성을 알아주고 이름을 정확히 불러줄 때 기분이 아주 파랗게 좋아진답니다.

하양과 검정도 친구들이 많다는 사실을 알고 있나요? 하양에는 미색, 백자색, 지백색과 유백색 같은 친구들이 있고, 검정도 먹색, 옻색, 목탄색이며 야암색까지 참 다양해요. 이렇게 색깔 나라에는 손에 다 꼽을 수 없을 만큼 다양한 색깔들이 각자의 색을 뽐내며 수채화처럼 아름다운 마을을 이루고 있어요.

그런데 이런 예쁜 이름들 속에서 유독 똥색이라고 불리는 색이 있었어요. 다른 색깔들이 갈색을 놀리고 낮잡아 부르기를 좋아했기 때문이에요.

"알나리깔나리, 똥색이래요."

"쟤랑 놀지 마. 더러운 색이야."

"맞아. 쟤랑 놀면 너한테도 똥 냄새 날걸?"

갈색은 너무 슬펐어요.

"얘들아, 그렇게 부르지 마. 나는 토실토실 알밤색이고, 기름진 흙색이고, 그윽한 나무색인데?"

"하하하. 너는 쥐똥색이고, 염소똥색이고, 개똥색이야!"

색깔들은 냄새나는 색이라면서 갈색과 놀아주지 않았어요.

갈색 계열 친구들은 서둘러 갈색과 거리를 두었어요.

"나는 밤색이야. 똥색과는 달라."

"나는 고동색이지. 똥색과는 차원이 다른 깊이감이 있다고."

"나는 커피색이야. 어때, 나에게서 우아한 향기가 나는 것 같지 않아?"

"나는 금갈색이라구. 갈색보다는 사실 금색에 가깝지."

갈색은 외톨이가 되었어요. 갈색은 매일 슬픈 갈색 눈물을 흘렸답니다.

그러던 어느 날, 자기를 똥색이라고 놀려대는 노란색에게 너무 화가 난 갈색은 욱하는 마음에 그만 노랑을 오줌색이라고 불러 버렸어요.

"그만하지 못해! 내가 똥색이면 너는 오줌색이야!"

주변에 있던 색깔들은 와하하 웃었지요. 그 이후로 색깔들은 노란색도 깔보기 시작했어요. 다른 색을 낮잡아 부르면 나는 왠지 그보다 위에 있는 것 같은 만족감이 생겼거든요.

"저기 오줌색 지나간다. 아유, 지린내."

"야, 너는 저기 똥색이랑 놀아."

노란색도 너무 슬펐어요.

"애들아, 그렇게 부르지 마. 나는 귀여운 병아리색이고, 달콤한 옥수수색이고, 화사한 개나리색인걸."

"푸하하. 너는 토끼 오줌색이고, 여우 오줌색이고, 돼지 오줌색이야!"

이제 노랑 계열 친구들도 슬금슬금 노란색과 자기들 사이에 선을 그었어요.

"나는 계란색이야. 오줌색과는 다르게 보드랍고 귀여운 느낌이지."

"나는 금황색이야. 글자 순서를 바꾸면 황금색이기도 해."

"나는 겨자색이라구. 나를 깔보는 녀석들에겐 톡 쏘는 맛을 보여줄 거야."

"나는 상큼한 레몬색! 오줌색이랑은 전혀 달라. 나 원래 개랑 별로 안 친했어."

노란색은 가슴이 터질 듯 아팠어요. 노란색도 매일 새콤한 노란 눈물을 흘렸답니다.

깔보는 이름을 붙이는 데 재미를 붙인 색깔들은 또 다른 먹잇감을 찾아 두리번거렸어요.

아하. 보라색.

"저기 피멍 든 애 지나간다."

"쟤 원래부터 좀 멍하지 않았나? 딱이네, 멍색."

마음 약한 보라색이 눈물을 뚝뚝 흘리며 말했어요.

"애들아, 그렇게 부르지 마. 나는 향긋한 포도색이고, 탐스런 가지색이고, 영롱한 나팔꽃색이잖아."

"낄낄. 너는 두들겨 맞아야 색이 잘 난다며?"

색깔들은 죄 없는 보라색에게 돌을 던졌어요. 보라색은 정

말로 몸과 마음에 멍이 든 채, 피멍 같은 붉고 푸른 눈물을 뚝 뚝 흘렸답니다.

그렇게 색깔들은 일부러 더럽고 기분 나쁜 이름을 부르며 서로를 비웃고 괴롭히기 시작했어요.

"야, 깜둥아!"

"뭐라고, 이 빨갱이가!"

"이 더러운 곰팡이색!"

예쁜 이름의 다양한 색깔들이 아름다운 마을을 이루던 색깔 나라는 이제 기분 나쁜 이름으로 가득한 곳이 되었어요. 색깔들은 자기 이름이 이상하게 불릴 때마다 눈물을 흘렸습니다. 갈색 눈물, 노란 눈물, 보라 눈물, 검은 눈물, 빨간 눈물, 파란 눈물……. 보송보송 알록달록하던 색깔 나라는 점점 축축해졌고, 눈물들은 서로 섞이면서 혼탁해졌어요. 갈색 눈물에 노란 눈물과 보라 눈물이 섞이면서 흙탕물이 되었고, 거기에 검고 빨갛고 파란 눈물이 섞이면서 구정물이 되어 버렸어요.

시간이 흐르자 눈물 마를 날 없었던 색깔 나라에는 찰랑찰랑 구정물이 차오르게 되었습니다. 물이 발목까지 차오르면서 색깔들은 모두 더러워지기 시작했어요.

"더러워!"

"이런, 내 색깔이 빠져나가잖아!"

높은 산 위로 대피한 색깔들은 무거운 마음으로 의논을 시작했어요.

"이대로는 다 더러워져. 온통 구정물투성이야."

"우리 마을이 언제부터 이런 곳이 되었지? 우리 마을을 원래대로 예쁜 마을로 되돌리고 싶어."

"저 구정물을 없애려면 일단 눈물을 멈춰야 해."

"그 말이 맞아. 우리가 똥색이라고 놀린 것부터가 문제의 시작이었어."

"우리가 그동안 너무 나빴던 것 같아. 내가 '아기 토한 색'으로 불려보니까 그동안 다른 친구들 마음이 어땠을지 알겠더라고. 이름은 내 얼굴이나 마찬가진데."

"그래. 눈물을 멈추려면 모두들 원래 이름으로 바르게 불러 줘야 한다고."

"그러자. 그전에 제대로 사과부터 해야 해."

똥색 대신 갈색으로, 오줌색 대신 노란색으로, 멍색 대신 보라색으로.

서로에게 진심으로 사과하고 원래대로 이름을 찾아주자 색깔 나라의 구정물이 점점 줄어들기 시작했어요.

축축했던 땅이 보송보송해지고, 눈물 대신 웃음이 피어나기 시작했지요.

"야, 똥색아!" 대신에 "안녕, 갈색아!" 하고 부르게 되자 낮잡아 보는 마음이 덩달아 사라졌어요. 이어지는 말도 훨씬 부드럽게 건네게 되었지요. 누가 누구의 위에 있거나 누가 내 아래에 있다는 생각이 없어지니까 서로 조심하고 존중하는 마음이 생겼어요. **서로 이름을 바르게 불러주는 것에서부터 행복과 평화가 온다는 것을 색깔 나라 친구들은 배웠습니다.** 내 이름을 예쁘게 가꾸고 다른 친구의 이름도 소중하게 가꾸어 주었더니, 색깔 나라는 조금씩 다시 알록달록 반짝이는 곳으로 아름답게 변했답니다.

여러분의 이름은 무엇인가요?

여러분은 어떤 예쁜 호칭을 가지고 있나요?

나는 다른 사람들의 이름을 예쁘게 잘 불러주고 있나요?

친구들과 생각해 봐요

1. 화이부동(和而不同)

이렇게 다양한 색깔이 있는지 미처 몰랐다고요? 맞아요. 무지개만 봐도 기분 좋은데, 우리는 일곱 가지 무지개색을 훨씬 뛰어넘는 근사한 색의 향연이 있는 세상에 살고 있어요.

다양성은 이렇게 그 자체로 우리에게 기쁨과 즐거움을 주는 면이 있어요. 내 주변에도 다양한 친구들이 있어서 더 재미있고 즐거운 것처럼요. 반 친구들이 다 똑같이 생겼다면, 똑같은 생각을 하고 같은 취미를 가졌다면, 훨씬 재미없고 이상하겠죠? 그러니까 작은 차이도 소중히 인정해 주고 예쁘게 바라봐 주면 좋을 것 같아요. "쟤는 나랑 달라서 이상해"가 아니라 "나랑 달라서 좋아, 나랑 다르니까 재미있어"로요.

아주 오래전 중국에 공자라는 어르신이 살았는데 '화이부동'이라는 말씀을 남기셨어요. 남과 똑같아지기보다는 모두가 조화롭게 살라는 말이에요. 나와 다른 것들을 인정하고 존중하며, 억지로 나만 주장하지 않는 것. 오케스트라가 각기 다른 악기로 아름다운 화음을 만들어내듯이, 색

깔 나라의 다양한 색들이 하나로 섞이지 않았기에 마을이
더 아름다웠던 것처럼요.

초록도 청록, 유록, 뇌록 같은 신기한 이름들을, 파랑도
감청, 연청, 은청 같은 예쁜 이름들을 알고 소중히 여겨주
면 좋을 거예요. 그리고 취람색(먼 산에 끼어 푸르스름하게 보
이는 기운 같은 흐린 청록), 비색(불빛과 같이 짙은 분홍색), 훈색
(저녁노을이 질 때 하늘에 보이는 노랑이 섞인 연분홍)같이 그동
안 잘 몰랐던 각각의 예쁜 이름도 소중하게 불러주면 참
좋겠죠?

2. 정명(正名)

세상은 이름으로 가득 차 있어요. 우리는 서로를 그 이름
으로 불러요.

현이, 현성이, 엄마, 할아버지, 선생님.

무생물까지 셈하면 우리는 정말 수많은 이름에 둘러싸
여 살고 있지요.

이름은 어떤 존재를 표현하는 단어로, 그 대상의 본질과
닿아 있어요. 우리가 서로 맺는 관계가 그 안에 녹아 있기
도 하고요. 조금 어려웠다면 이렇게 예를 들어 볼게요.

'새엄마'를 '엄마'라고 부르는 것과 '아줌마'라고 부르는

것, 둘의 차이가 느껴지나요? '할아버지'나 '어르신'이라고
부르는 것과 '영감탱이'라고 부르는 것의 차이에 대해서도
생각해 보세요. 내가 상대방을 어떻게 생각하는지, 그 핵
심이 이런 이름들 안에 녹아 있는 거예요. 엄마라고 부를
때와 아줌마라고 부를 때, 할아버지라고 부를 때와 영감탱
이라고 부를 때, 호칭에서부터 벌써 상대를 향한 우리의
마음가짐이 달라지죠.

그런데 요즘에는 단순히 낮잡아 부르는 표현을 넘어서
한층 거칠어진 혐오 표현이 걷잡을 수 없이 번져가고 있어
요. 여러분도 아마 안 좋은 표현들을 많이 알고 있을 거예
요. 혐오 표현은 말로 하는 폭력이에요. 색깔 나라 속 똥색
이나 오줌색처럼 서로에게 큰 상처를 주고 관계를 망치는
이름들이지요. 오래 써서 굳어 버리면 바로잡기가 더욱 어
렵기도 하고요. 혐오 표현은 다른 혐오 표현을 낳기도 해
요. 똥색이라고 부르면 오줌색이라고 답하는 것처럼요. 슬
프지 않나요? 여러분은 이렇게 서로에게 독소를 내뿜는
혼탁한 곳에서 살고 싶은가요?

모든 관계는 이름으로 시작해요.

서로를 아프게 하지 않는 예쁜 이름으로 불러주는 것, 애
쓰시는 분들께 그 노고에 걸맞은 바른 이름을 불러드리는

것, 무엇이 올바른 이름인지 항상 고민하는 것.

여러분이 할 수 있는 아주 중요하고 꼭 필요한 일이랍니다.

어른들과 함께 읽어요

우리가 서로의 이름을 부른다는 건 사회적 존재로서 가장 기본이 되는 행위입니다. 세상은 이름으로 가득 차 있지요. 사라지는 이름도 있지만 오래 살아남는 이름도 있고, 하나의 본질을 두고 서로 경쟁하는 이름들도 있습니다. 예를 들어 같은 섬 하나를 두고 한쪽은 '독도'라고 하고 다른쪽은 '다케시마'라고 주장한다든가, 같은 역사적 사실을 가리켜 '광주 폭동', 그리고 '5.18 민주화 운동'이라고 다르게 부르는 것처럼 말이죠. 이름이 중요한 건 우리가 어떤 대상을 어떻게 부르는가 하는 것이 그 대상의 본질을 꿰뚫는 문제이기 때문입니다. 같은 상대를 두고 친구라고 소개하는 것과 연인이라고 소개하는 것이 두 사람 관계의 본질을 드러내듯이요.

"나라를 다스린다면 무엇부터 하시겠습니까?" 하는 물음에 공자孔子(기원전 551~기원전 479)는 **"이름을 바로잡겠다"**라고 말해요. 그것이 바로 '바른 이름'이라는 뜻의 '정명正名'입니다. 이름이 바로잡히지 않고 말이 바르지 않으면 색깔 나라처럼 결국 사회 전체가 망가지게 된다는 사실을 공자는 잘 알고 있었던 것이죠.

실제로 정치의 일은 많은 부분 이름을 바로잡는 데 있습니다. 테러리스트, 암살자였던 안중근은 해방이 되고 새로운 정치체가 들어서면서 의사義士라는 이름을 얻습니다. 수많은 병신, 앉은뱅이, 꼽추, 미친년들이 장애인이라는 다소 중의적 이름을 얻고 권리를 주장할 수 있기까지, 참 많은 사람들이 힘들고 아픈 시간을 견디며 싸웠습니다. 정치란 기본적으로 사회적 관계를 기반으로 하는데, 부르는 이름이 달라지면 관계가 달라집니다. 청소부, 때밀이 대신 환경관리원이나 세신사로 부르게 되면 조심하고 존중하는 마음이 생겨나는 것처럼요. 그러므로 역할과 노고에 걸맞은 적절한 이름을 부르는 것을 시작으로 우리 사회의 관계들은 한층 건강하고 아름다워집니다. 정치가 이름들을 고민해야 하는 이유가 바로 여기에 있습니다.

장애인, 성소수자처럼 편견이 들러붙기 쉬운 단어에 편견이 없도록 처음부터 올바른 정의를 가르쳐주는 것은 부모들이, 나아가서는 사회 전체가 해야 할 일입니다. 그런 의미에서 정의definition를 바로잡는 일은 정의justice를 바로 세우는 디딤돌이 됩니다. 어른들이 아무리 중립적이고 싶어도 아이들은 처음으로 부모라는 프리즘을 통해, 즉 주변의 어른들이 알려주는 이름과 뜻을 통해 어느 정도는 굴절된 세상을 만나게 될 것입니다. 그래서 정명은 늘 긴장을 늦출 수 없는 어려운 과제입니다.

　말에는 힘이 있습니다. 옛사람들은 그 힘을 믿었기에 이름을 신중하게 지었고, 문자도를 즐겨 그렸다고 합니다. 언어는 사고를 규정하고, 사고의 변화는 현실의 변혁을 추

온라인과 오프라인에서
'말'들이 홍수를 이루는 요즘 세상에선
이름을 바로잡는 일이 더 중요할 거예요.

수많은 말들이 그 힘을
옳게 쓸 수 있도록요.

똥색! 오줌색! 곰팡이색!
서로 이렇게 부르는 색깔나라랑...

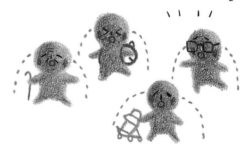

엄마들, 아저씨들, 급식 먹는 학생들,
나이 많은 어르신들... 온갖 이름 뒤에
'-충'을 붙이는 우리랑 다를 게 없다구~

동하는 힘을 갖기 때문이지요. 하지만 우리 사회에 어떤 단어들이 널리 쓰이고 있는지 생각해 봅시다. 혐오 표현들이 구정물처럼 찰랑거리고 있는 것이 보이지 않나요. 모두들 잔뜩 화가 나 있습니다. 파브르 곤충기도 아니고, 이름에 벌레가 왜 이렇게 많을까요. 꼭 구정물 가득한 색깔 나라 같지요.

언어 안에는 한 사회의 과거와 현재와 미래가 겹겹이 녹아 있습니다. **언어란 오랜 시간에 걸쳐 한 사회의 구성원들이 함께 빚어낸 예술 작품 같은 것입니다.** 그러므로 나와 너의 이름을 제대로 부르는 일, 모두의 이름을 아름답게 가꾸는 일의 중요성을 함께 고민해 볼 수 있으면 좋겠습니다. 그렇게 이름을 바로잡고, 그 바르고 예쁜 이름들이 모여서 조화로울 수 있으면 참 좋을 거예요. 공자의 정명과 화이부동을 같이 엮어 본 이유입니다.

11

룰루랑 랄라랑 룰루랄라

존 스튜어트 밀, 자유의 경계

존 스튜어트 밀 John Stuart Mill

　엄마 돼지 로라는 통통한 배와 복스럽게 접힌 턱이 예쁜 연분홍 돼지입니다. 로라는 피기빌에 살아요. 윤기가 자르르 흐르는 풀밭이 넓게 펼쳐진 시골 마을이죠. 로라에게는 귀여운 아들 룰루와 명랑한 딸 랄라가 있답니다. 로라는 룰루와 랄라를 금이야 옥이야 소중하게 키우고 있어요.

　룰루는 북극 탐험이 꿈인 아기돼지입니다. 룰루의 예쁜 연갈색 눈은 북극에 가는 상상을 할 때마다 반짝반짝 빛나곤 하지요. 랄라는 노래 부르기를 좋아하고 오빠 골탕 먹이기가 취미인 장난꾸러기예요. 입 짧은 오빠와는 달리 랄라는 무엇이든 먹어치우는 먹성 좋은 아기돼지랍니다.

손꼽아 기다렸던 여름 방학. 룰루와 랄라는 엄청나게 들떴어요.

밀 할아버지와 밀리 할머니가 있는 커다란 도시로 놀러 가기로 했거든요. 그것도 난생처음 기차를 타고요!

꿀단지 같은 노란 해님으로부터 햇살이 꿀처럼 세상에 흘러내리는 달콤한 아침, 로라는 룰루와 랄라를 데리고 서둘러 기차역에 도착했어요. 끝이 보이지 않는 철로 위로 앞코가 뾰족하고 늘씬한 기차가 스르륵 와서 서자, 룰루는 가슴이 두근거렸어요. 이걸 타면 북극도 갈 수 있을까?

로라네가 들어선 칸에는 사이좋게 낱말풀이 게임을 하는 나이 지긋한 스컹크 부부가 타고 있었어요. 스컹크 아줌마는 룰루에게 방긋 웃어주었고, 스컹크 아저씨는 랄라에게 윙크를 해주었지요. 색이 고운 엄마 오리를 따라 솜털이 보송보송한 아기오리 다섯이 종종종 오리걸음으로 들어와 룰루네 뒷좌석에 앉았습니다.

드디어 출발!

창밖으로 휙휙, 청소기에 빨려 들어가는 것처럼 옆으로 바삐 지나가는 풍경들이 정말 근사해요! 정신이 팔린 룰루와 랄라는 휘둥그레진 눈으로 창문에 코를 박고 한참을 바라봤어요.

"창문에서 얼굴을 떼렴. 그러다가 돼지 코가 된단다."

"엄마, 우리는 돼지인데요?"

"……."

아기돼지 랄라는 아침을 잔뜩 먹고 왔으면서도 배가 고프다고 꿀꿀거리기 시작했어요.

"엄마가 당근 줄까?"

"아니, 당근 말고 치즈! 치즈 주세요."

산양 젖으로 만든 치즈를 좋아하는 밀리 할머니를 위해 엄마가 아주 커다랗고 둥그런 치즈를 챙기는 걸 아침에 봤거든요. 냄새는 좀 고약하지만 크래커에 얹어서 허브랑 꿀을 뿌려 먹으면 얼마나 맛있게요!

"치즈는 안 돼. 이렇게 밀폐된 공공장소에서 냄새나는 음식을 먹으면 안 되는 거야."

"밀폐유? 엄마, 나 그거 엄청 좋아하는데? 어디 있어요?"

엄마는 입맛을 다시며 두리번거리는 랄라에게, 기차에 탔을 때는 집에서처럼 마음껏 먹고 싶은 음식을 먹지 못한다고 얘기해 줬어요. 다른 동물들도 함께 타고 있으니 배려해야 한다고요. 더군다나 할머니 할아버지가 사시는 도시에는 동물들이 많고, 집도 높은 빌딩을 한 칸씩 나누어 만든 집에 살고 있으니 더 조심해야 한대요. 기차에서는 치즈를 못 먹고 할머니네 집에서는 뛰지도 못한다니! 풀이 죽은 랄라에게 엄마는 대신에 엘리베이터라는 걸 탈 수 있다고 알려줬어요. 룰루의 눈이 반짝거렸어요. 우와, TV에서 본 적 있는데! 단추를 누르면 층층이 서는 그것!

"엄마, 엘리베이터가 뭐예요?"

"바보야, 너 그것도 몰라? 나는 TV에서 봤는데."

"룰루야, 동생한테 바보가 뭐야. 잘 가르쳐 줘야지."

엄마가 자리에서 일어섰어요.

"엄마 잠깐 화장실에 다녀올 건데, 당근 먹으면서 둘이 얌전히 앉아 있을 수 있지? 일어나서 돌아다니면 안 돼."

피기빌에서 자라는 당근은 얼마나 달콤하고 아삭아삭한지 몰라요. 하지만 입 짧은 룰루는 탐스럽게 잘 여문 피기빌 당근 앞에서도 늘 시큰둥해요. 와삭와삭, 눈 깜짝할 사이에 다 먹어치운 랄라 옆에서 룰루는 오늘도 당근을 그저 요술봉처럼 쥐고만 있군요. 랄라는 오빠 당근도 먹어버리고 싶은 마음을 꾹 눌렀어요. 오빠가 다 먹은 줄 알고 엄마가 오빠를 칭찬할 것 같아서요.

"너 엘리베이터가 뭔지 몰라?"

룰루는 당근이고 뭐고 또 엘리베이터 생각에 푹 빠진 모양이에요. 당근을 들고 위로 천천히 올리면서 위이잉 소리를 내고 있어요. 저게 뭐하는 짓이람. 룰루는 가끔 식탁에서도 공상에 빠진 채 두부부침으로 이글루를 짓곤 해요.

"오빠, 그 당근 내가 먹어도 돼?"

당근을 따라 눈알을 위아래로 움직이던 랄라는 결국 못 참고 룰루의 당근으로 손을 뻗었어요. 룰루는 랄라의 입에 당근을 물려주고 엘리베이터가 얼마나 신기하고 재미있는 물건인지 알려줬어요. 마음에 평화가 온 랄라는 그제야 엘리베이터가 뭔지 들을 마음이 생겼어요. 오, 재미있겠는데? 이걸 마음껏 탈 수 있다니!

랄라는 신이 나서 노래를 부르기 시작했어요.

"엘, 리, 베이터! 엘리베이터~!"

랄라는 노래 부르기를 좋아해요. 랄라의 노랫소리에 스컹크 아줌마 아저씨가 낱말풀이 책에서 고개를 들어 이쪽을 쳐다봤어요. 룰루는 생각했어요. '음…… 엄마는 일어나서 돌아다니면 안 된다고만 했으니까, 노래는 괜찮겠지?'

"꽥, 꽥, 꽤액~!"

랄라의 노랫소리에 아기오리들도 덩달아 꽥꽥 노래를 부르기 시작했어요. 엄마 오리는 아기오리들을 조용히 시키려고 했지만 가장 목청이 큰 아기오리 하나가 고집스럽게 랄라의 노래에 꽥, 하고 장단을 맞추었고 다른 아기오리들은 그게 재밌어서 깔깔깔 웃었어요. 랄라는 신이 나서 더 큰 소리로 노래를 불렀고요. 기차 안은 꽥꽥 대는 소리와 랄라의 커다란 노랫소리, 그리고 조용히 시키려는 엄마 오리의 꽥꽥거리는 소리로 시끌시끌, 꼭 학교 쉬는 시간 같았어요. 룰루는 재밌다고 생각했어요. 이거 근사한데!

결국 스컹크 아저씨가 큰 소리로 말했어요.

"요 녀석들, 조용히 하지 못해? 여럿이 타고 있는 기차에서 이렇게 떠들다니, 조용히 하지 않으면 이 아저씨가 엄청 고약한 방귀를 뀌어버릴 테다!"

기차 안은 일순간 찬물을 끼얹은 듯 조용해졌어요.

잠시 뒤에 들어온 로라는 믿을 수 없을 만큼 조용하고 평화로운 모습을 보고 그만 감격했지 뭐예요.

역에는 밀 할아버지가 마중을 나와 있었어요. 밀리 할머니는 집에서 맛있는 점심을 준비하고 있다고 해요.

"로라야, 크림 케이크도 있단다. 우리 딸이 어릴 때 좋아하

던 딱 그 케이크로 아침에 아빠가 만들어놨지."

엄마 돼지 로라가 기뻐서 꿀꿀 소리를 냈어요. 랄라는 점심 메뉴가 뭘지 궁금했어요. 하지만 룰루는 그보다 할아버지가 오늘은 어떤 이야기를 해주실지가 더 궁금했어요. 밀 할아버지는 여행을 많이 다녔고 다른 나라에서 살았던 적도 있거든요. 지난번에는 배를 타고 멀리멀리 나갔다가 해적을 만날 뻔했던 이야기도 들려주셨다고요!

할머니, 할아버지네 집은 7층이나 되는 높은 건물 꼭대기에 있어요. 할아버지가 버튼을 누르자 엘리베이터 문이 스르륵 열렸어요. 이게 엘리베이터구나! 룰루의 눈이 빛났어요. 가슴이 울렁거리면서 위로 올라가는 느낌이 간질간질했어요. 랄라는 신이 나서 아까 부르던 노래를 또 부르기 시작했어요.

"엘, 리, 베이터! 엘리베이터~!"

룰루는 엘리베이터 안에서는 노래를 불러도 되는지 궁금했어요.

"엄마, 여기서는 노래를 불러도 괜찮아요?"

"작게라면 불러도 돼. 하지만 다른 동물이 타면 조용히 해야 돼."

3층에 엘리베이터가 서고 당근 케이크를 든 토끼 아줌마가 탔어요. 랄라는 당근 케이크에 마음을 홀딱 빼앗겨서 입을 딱

벌린 채 노래를 멈췄어요. 그걸 모르는 로라가 랄라의 머리를 쓰다듬으며 칭찬했어요.

"아유, 우리 랄라 착해라. 엄마가 하는 말을 잘 귀담아 들었구나."

　　　🦔

점심은 맛있는 버섯 피자와 허브를 넣어 구운 감자였어요. 밀리 할머니는 산양 젖 치즈를 받아 들고는 활짝 웃으면서 금세 버섯의 오목한 부분에 치즈를 넣어 구운 다음 꿀과 다진 호두를 뿌려 주었어요. 거기에 먹음직스러운 딸기가 잔뜩 올려진 크림 케이크까지! 피자를 다섯 조각이나 먹고 감자 여러 개를 소스 통에 빠뜨려 먹은 다음 버섯 치즈 구이를 세 개나 꿀꺽하고 케이크로 돌진한 랄라와는 달리, 룰루는 피자 한 조각을 반으로 잘라 먹고 감자 한 조각, 버섯 치즈 구이 한 개를 냠냠 먹은 다음 말했어요.

"엄마, 배불러요. 디저트 먹어도 돼요?"

"뭐라고! 안 돼, 더 먹어야지. 맛있는 게 이렇게 많은데!"

"배부르단 말이에요."

"그럴 리가 없어. 우리는 돼지란 말이야!"

235

"많이 안 먹는다고 네가 그렇게 걱정을 하더니, 정말 조금밖에 안 먹는구나. 어디 아픈 덴 없고?"

밀리 할머니가 묻자 엄마는 속상하다는 듯이 하소연을 하기 시작했어요.

"건강하기는 하대요. 그래도 너무 안 먹어서 속상해요. 우리 돼지 가문에 저런 아이는 없었는데……. 돼지라면 오겹살은 못 되어도 삼겹살은 필수인데 저 홀쭉한 배 좀 보세요!"

"그래도 건강하다니 다행이구나."

"아니 엄마, 로리 언니가 맨날 애가 밥을 한 그릇밖에 안 먹는다고 걱정하길래 아니 뭐 그런 아기돼지가 있나 했더니 세상에 우리 애가 그보다 더할 줄은… 쟤 억지로라도 좀 먹여야 되는 거 아니에요? 진짜 남 보기 부끄러워서……. 너 이리 와 봐. 피자 반 조각이라도 더 먹어."

"으아, 싫어요!"

"이리 안 와!"

밀 할아버지가 빙그레 웃으며 말했어요.

"그만 먹고 싶으면 그만 먹어도 좋아, 룰루야. 케이크 먹고 싶니?"

"네. 그런데 아주 작게 잘라주세요."

"뭐라고! 케이크 큰 거 한 조각을 다 먹지 않으면 엄마 화낼 거야."

"싫어요! 빨리 할아버지 얘기 듣고 싶은데 많이 먹으면 잠이 올 것 같단 말이에요!"

"아니, 먹은 게 있어야 잠이 오든지 말든지 하지! 너 이 큰 조각 안 먹으면 할아버지 얘기 못 들을 줄 알아!"

"엄마, 내가 먹을까?"

옆에서 랄라가 포크를 들고 덤볐어요.

"하하. 억지로 먹일 필요 없다. 로라야, 귀염둥이들 키우기가 만만치 않지?"

"말해 뭐해요, 아빠. 늘 제멋대로 하려는 놈들 상대하다 보면 살이 쭉쭉 빠지는 느낌이에요. 나 원래 턱에 주름이 세 겹이었는데 하나 없어진 것 같지 않아요? 내 턱이 진짜 예뻤는데……."

"네 턱은 여전히 예쁘단다."

"할머니, 저 엘리베이터 타러 나가도 돼요?"

큼지막한 케이크 한 조각을 또다시 빛의 속도로 먹어치운 랄라가 물었어요.

"왜, 내려가서 놀이터 가고 싶니?"

"아뇨. 엘리베이터 타고 놀고 싶어서요. 층마다 서보고 싶어요!"

"뭐? 그건 안 돼!"

로라가 펄쩍 뛰었어요.

"왜! 왜 안 돼! 재밌을 것 같단 말이야! 할아버지, 그래도 되죠?"

밀 할아버지가 빙그레 웃으며 말씀하셨어요.

"그건 좀 곤란한데."

"왜요! 왜 오빠는 되고 나는 안 돼요! 할아버지 미워요!"

"조용히 안 해! 엄마 너무 창피해. 너희들 자꾸 이러면 오늘 다시 집으로 돌아갈 거야!"

"싫어어어어어!"

지금껏 든든하게 먹은 게 다 목소리로 갔는지, 랄라는 어마어마한 소리로 고함을 질렀어요.

❀

로라가 귀를 막고 의자에 털썩 주저앉으며 말했어요.

"아 진짜, 저 녀석들 고집을 어디까지 받아줘야 될지……."

"로라 너 '**노 함 프린시플**(No harm principle)'이라는 걸 들어본 적 있니?"

"노… 햄이요?"

로라가 엉덩이 살을 만지작거리며 되물었습니다.

"자, 우리 랄라도 이리 와보렴. 왜 오빠는 되고 랄라는 안 되는지, 할아버지가 설명해 주마."

뛰쳐나갈 태세였던 랄라가 어기적거리며 다가와 앉았어요.

"햄이 아니고 함, '피해'라는 말이지. '노 함 프린시플'은 쉽게 말해서 **남에게 해(harm)가 되지 않아야(no) 한다는 규칙(principle)**이야. 우리 모두는 자유롭게 내가 하고 싶은 대로 살고 싶은데, 모두가 그렇게 하다 보면 서로 부딪히게 되거든."

할아버지는 말을 이었어요.

"룰루가 조금만 먹고 싶은 건 룰루의 건강에 해가 되지 않는 한에서 괜찮아. 그건 아무에게도 피해가 가지 않는 일이거든. 하지만 랄라야, 재미있다고 엘리베이터를 타고 놀면 다른 동물들이 피해를 볼 수 있겠지? 아주 급한 일이 생겨서 나가봐야 하는데 랄라가 층마다 서서 노느라 오래 기다려야 하면 말이야. 물론 전기도 아껴야 하고 말이지."

랄라가 눈알을 데굴데굴 굴렸어요.

"아까 엘리베이터에서 말이다. 랄라가 노래를 불렀지? 랄라 노랫소리를 좋아하는 우리들끼리만 있을 때는 아무에게도 피해가 가지 않기 때문에 상관없었지. 하지만 토끼 아주머니가 탔을 때는 노래를 멈췄지? 바로 토끼 아주머니에게 피해가 가기 때문이지. 랄라가 아까 아주 자연스럽게 그 법칙대로 한 거란다."

룰루가 똘망똘망한 눈으로 말했어요.

"아… 아까 기차에서 랄라가 엄청 크게 노래 불렀는데 스컹크 아저씨가 그러면 안 된다고 그랬어요. 스컹크 아저씨는 낱말풀이 책을 보고 있었거든요."

"뭐라고? 랄라 너 기차에서 노래 불렀어?"

"히히히. 스컹크 아저씨가 나보고 노래 더 부르면 방귀 뀐다고 그랬어!"

할머니 할아버지는 웃으시고 로라는 고개를 절레절레 흔들었어요.

밀 할아버지가 웃음 가득한 얼굴로 말했어요.

"로라야, 아이들에게도 이 규칙을 한 번 써보렴. 기본이 되는 규칙으로는 꽤 쓸 만하단다. **우리 어른들은 아이들의 자유를 필요 이상으로 제한하는 경향이 있거든.**"

할머니가 랄라의 머리를 쓰다듬으며 말씀하셨어요.

"이건 어떠냐, 랄라야. 우리 랄라는 노래를 좋아하지? 이 집에는 마음껏 노래를 불러도 되는 방이 있어요. 할머니가 마음껏 피아노 치려고 아주 방음이 잘 되는 방을 만들었거든."

"방음이 뭐예요?"

"그게 뭐냐 하면 말이지, 랄라가 저 방에 들어가서 문을 꼭 닫고 아까처럼 아주 큰 소리로 말해볼까? 룰루는 밖에서 잘 들어봐. 랄라 소리가 들리는지 얘기해 주렴."

어? 밖에서 귀를 기울이니 모기 소리 같은 게 나요. 얼굴이 시뻘게진 랄라가 밖으로 나오자 할머니가 빙긋 웃었어요.

"오빠, 내 목소리 들렸어?"

"거의 안 들렸어."

"진짜? 오빠도 해봐."

잠시 뒤, 모두가 행복해졌어요.

랄라는 할머니랑 방에 들어갔어요. 할머니가 피아노를 치고 랄라는 마음껏 큰 소리로 노래를 불렀지요. 랄라랑 할머니는 근사한 엘리베이터 송을 함께 만들었어요!

룰루는 할아버지 무릎에 앉았어요. 그토록 고대하던 할아버지의 이야기 시간! 할아버지는 북극을 좋아하는 룰루를 위해 특별히 빙하 언덕을 여행했던 이야기를 시작했어요.

"정말 내 평생 그렇게 예쁜 파란색은 처음 봤지. 너 크레바

스라는 걸 들어본 적 있니? 그건 말이지……."

로라요?

로라는 룰루랄라, 행복한 표정으로 커다란 크림 케이크 한
조각을 베어 물었답니다.

친구들과 생각해 봐요

우리는 하고 싶은 게 참 많아요. 하지만 뭐든지 내 마음대로 할 수는 없지요. 내가 갖고 싶다고 해서 친구의 물건을 허락도 없이 가져오거나, 내가 화가 난다고 해서 동생에게 이단옆차기를 하면 안 되잖아요.

자유는 참 소중해요. 하지만 내 자유가 소중한 만큼 다른 사람의 자유도 존중해 주지 않으면 우리는 함께 그 자유를 누릴 수 없어요. 여러분이 뭔가를 하고 싶을 때마다 혹시 다른 사람에게 피해를 주지 않는지, 밀 할아버지가 얘기한 '노 함 프린시플(No harm principle: 우리말로는 '무 위해성의 원칙'이라는 조금 어려운 말로 불려요)'을 떠올려 보면 좋을 거예요.

다음 예를 보고 밀 할아버지의 원칙에 따라 어떤 상황은 허용되고 어떤 건 허용되지 않는지 한번 생각해 보세요.

- 우진이는 화를 내며 방으로 달려가 문을 닫아 버렸어요.
- 정우는 내가 만든 로봇을 학교에 가져가서 자랑하고 싶어요.
- 오늘 승빈이는 저녁을 먹고 싶지 않아요.
- 주아는 학교 건물에 있는 노란 비상벨을 눌러보고 싶어요.

- 하예는 화가 나서 오빠 등짝에 주먹을 날렸어요.

- 리오는 생일 선물로 비싼 게임기를 갖고 싶어요.

- 15층에서 7층으로 가야 하는 서진이는 엘리베이터 말고 계단으로 내려가 보고 싶어요.

- 혜빈이네 집에 아인이가 놀러오기로 한 날이에요. 시간이 별로 없지만, 오늘 혜빈이는 늘 가던 길 말고 다른 길로 멀리 돌아서 집으로 가보고 싶어요.

- 맑은 날이지만 이도는 새로 산 예쁜 장화를 신고 나가고 싶어요.

어른들과 함께 읽어요

자유는 철학에서 핵심적인 주제인 만큼 이에 관한 논의도 깊고 다양합니다. 여기에서는 어린이들에게 가장 밀착된 의미에서 자유의 경계를 다뤘습니다. 한겨울에 반팔을 입고 학교에 가겠다는 아이, 그 옆에서 유치원에 가는데 공주님 드레스를 챙겨 입는 동생, 스케치북이 아닌 커다랗고 하얀 벽에다 마음껏 그림을 그려보고 싶은 욕구, 엘리베이터를 타고 신나게 오르락내리락하고 싶은 마음, 오늘은 학원을 빼먹고 친구랑 놀고 싶은 기분……. 아이들은 세상에 하고 싶은 게 너무 많죠.

시키는 대로 무엇이든 고분고분 따라오는 아이들이 예쁠 것 같지만, 냉정하게 보자면 "싫어!"를 모르는 인간은 노예와 같습니다. 그런 의미에서 **아이들의 "싫어!"는 찬란한 자유의지의 선언입니다.** 아이들은 자기 삶의 주인이 되는 중요한 연습을 하고 있는 것이죠. 하지만 어른들은 아이들에게 **자유와 방종의 차이점**을 가르쳐 주어야 합니다. 너의 감정과 욕구는 중요하지만 세상에는 용납되는 행위와 그렇지 않은 행위가 있고, 너의 자유가 아름다우려면 지켜야 할 규칙이 있다는 것을 알려 주어야 하는데, 참 어렵습니다. 자유의지가 싹트고 있는 우리 아이들에게 대체 어디에 선을 그어주어야 할까요?

이런 상황에서 어른들도 아이들도 모두 존 스튜어트 밀John Stuart Mill(1806~1873)이 말하는 자유의 경계에 귀를 기울여 보면 어떨까 합니다. 밀은 『자유론On Liberty』(1859)이라는 저서를 남겼을 만큼 자유에 대해 많은 고민을 한 철학자예요. 그가 말하는 자유는 '무 위해성의 원칙no harm principle'이라는 개념을 조건으로 합니다. 동화에서 언급되었듯이 남에게 해harm가 되지 않아야no 한다는 규칙principle이지요. 앞서 어린이들에게 제시한 예 중에서는 우진이, 서진이, 이도의 경우 남에게 딱히 해가 가는 행위가 아니기 때문에 괜찮을 것이고, 주아와 하예, 혜빈이의 경우에는 누군가의 피해가 명백하게 예상되므로 그래서는 안 되겠지요. 정우, 승빈이, 리오의 경우에는 상황에 따라 다른 해석이 가능할 겁니다.

밀에 따르면, **한 인간이 자유를 추구하는 것이 타인에게 해가 되거나 혹은 타인이 자유를 추구하는 데 해가 되지 않는다면, 그 개인의 자유에 간섭하면 안 된다**고 합니다. 밀은 "이렇게 하는 것이 좋고 옳으며, 이게 다 너를 위해서 그러는 거다" 같은 종류의 말로 상대의 자유를 제한해서는 안 된다고 해요. 따라서 무 위해성의 원칙을 '반 친권주의 원칙principle of anti-paternalism'이라고도 합니다. 부모님처럼 굴지 말라는 거죠. 밀은 개별성, 독창성과 다양성을 사회의 활력과 진보의 근원이라고 생각했고, 엄청난 에너지와 창의성을 가지는 천재들이 등장하는 사회는 근본적으로 자유가 살아 숨 쉬는 곳이라고 믿었습니다. 자유는 인간 존엄의 근본 알맹이로서 그 누구도 침해할 수 없는 것이라고 생각했지요.

제국주의 시대의 영국에 살았던 밀은 사실 '미개인'이라고 칭하던 이들과 어린이들을 자신이 말하는 자유의 대상에서 제외시켜 두었습니다. 그래서 특히 전자 때문에 엄청난 비판을 받았지요. 하지만 세상이 바뀌어 어린이의 자유와 인권도 당연히 존중받아야 하는 마당에, 아이들이 이 원칙에 따라 자유를 누리지 못할 이유가 없을 겁니다. 아이이니만큼 그 대상을 '자기 자신과 타인'으로 한 단계 확장해서 적용시키면 어떨까요. 본인에게 해가 되지 않는 일, 타인에게 해가 되지 않는 일, 타인의 자유를 방해하지 않는 일. 이 세 가지가 지켜지는 선에서 어린이와 청소년의 자유는 조금 넉넉하게 보장받아도 좋지 않을까요.

물론 이 원칙이 모든 상황에 들어맞는 신통한 규칙은 아닙니다. 해가 된다는 것의 판단이 사람마다 다를 수 있고, 자유와 예절은 또 다른 차원의 문제이며, 당장의 신체적 위해가 아닌 미래의 잠재적 해를 판단하는 기준이 모호하기 때문입니다. 앞서 정우, 리오, 승빈이의 경우에 상황에 따라 판단해야 한다는 건 이런 이유들 때문이에요. 우진이도 그냥 문을 닫은 것이 아니라 문짝이 떨어질 만큼 쾅 소리가 나게 닫아버렸다면 이것은 예절의 문제가 될 수 있습니다. 그러므로 가정마다 나름의 세부 규칙은 다시 만들어야 할 거예요.

그럼에도 불구하고 밀의 무 위해성의 원칙은 기본이 되는 규칙으로서는 꽤 쓸 만한 규칙입니다. 무엇보다 이 규칙대로 실천하다 보면, **어른들이 그동안 아이들의 자유를 필요 이상으로 억누르고 있었다는 걸** 깨닫게 됩니다. 아이와 실랑이가 벌어졌을 때, 이게 정말 죽어도 안 되는 일인지 아니면 부모인 내가 더 수고스럽고 귀찮아서 안 되는 일인지 생각해 보면 확실히 후자인 경우가 많거든요.

앞서 보았듯이 푸코는 권력을 우리 일상을 세세히 감싸고 있는 모세혈관 같은 것으로 여겼습니다. 거창하게 정치나 경제처럼 저 위에서 일어나는 일만 권력으로 볼 게 아니라, 내 일상에서 늘 일어나는 일에 권력이 속속들이 흐르고 있는 것을 알아야 한다는 말입니다. 아이들이 느끼는 가장 큰 권력은 부모에게서 나옵니다. 엄마 아빠가 가진 권력이 얼마나 아이들 일상에 모세혈관처럼 퍼져 작용하는지 생각하면 저는 제게 주어진 어마어마한 권력이 가끔 무섭기까지 합니다. 이런 권력에 어른들이 스스로 무 위해성의 원칙이라는 규칙으로 제어 장치를 달아주면 어떨까요.

이 규칙을 따르면 아이들만 좋은 게 아니라 부모들도 좀 더 편하게 숨 쉴 수 있습니다. 아이에게 특별히 해가 되지 않는 범위에서라면, 아이만 바라보며 24시간 대기조처럼 있지 말고 자유롭게 하고 싶은 일을 하면 어떨까요. 내가 오늘 청소기를 돌리지 않았다고, 내가 오늘 친구를 만나느라 좀 늦게 들어간다고 아이에게 엄청난 해가 가해지는 건 아니니까요. 아이의 자유도 중요하고 반려인의 자유도 중요하면, 내 자유도 똑같이 중요합니다. 그러니 좋은 부모가 아니라는 죄책감 따위 부디 이 '무 위해성의 원칙'으로 좀 떨쳐버릴 수 있으면 좋겠습니다. 자유란 우리 아이들만 아름답게 만드는 게 아니라 모든 인간을 빛나게 합니다. 그러므로 **좋은 부모, 괜찮은 부모의 키워드는 '희생'이 아니라 '자유'가 되어야 한다**고 믿습니다. 희생이 빛난다는 건 주로 그 혜택을 입는 사람들이 하는 얘기고, 사람을 빛내는 건 자유니까요. 그렇게 아이는 부모에게, 부모는 아이에게, 서로가 서로의 자유를 존중하고 인정하며 서로를 빛내주면 좋겠습니다.

'남에게 해가 되지 않아야 한다'라는 최소한의 선을 긋고, 자유를 최대한 키우면 그 안에서 수많은 가능성이 자라나겠죠!

사회를 활기 있게 하는 개별성과 독창성, 다양성 ...

엄청난 에너지와 창의성을 지닌 천재들까지!

우리도 천재로 클지도 몰라, 오빠!

적어도 더 자유롭고 행복한 존재가 되겠지~

우리 엄마 아빠도 그렇게 될 거구~

No harm principle

12

정의와 불의의 내기

주디스 슈클라, 불의를 먼저 생각하라

주디스 슈클라 Judith N. Shklar

무더운 여름날.

율이네 집 거실에 정의와 불의가 엿가락처럼 늘어져 있었어요.

"아, 더워 죽겠네. 꼼짝도 하기 싫다."

"그러게. 뭐 재미있는 일 없나?"

"정의야, 우리 내기할까? 지는 사람이 부채로 바람 천 번 부쳐주기."

"천 번 같은 소리 하네. 지면 또 저번처럼 나 몰라라 도망갈 거지? 내가 너한테 한두 번 속냐?"

"아니라니까! 나 너한테 이길 자신 있어. 약속을 어기면 내가 불의가 아니고 정의다."

"야…… 그 말 좀 이상하지 않냐?"

심심했던 정의와 불의는 결국 내기를 하기로 했어요.

"그러면 우리 현실적으로 백 번 부쳐주기로 하자. 무슨 내기를 할 건데?"

"율이한테 우리를 그리게 하면 어때? 율이가 더 멋지게 그려주는 쪽이 이기는 거야."

불의의 제안을 들은 정의는 자신감이 생겼습니다. 당연히 불의보다 정의를 그린 그림이 훨씬 멋있지 않겠어?

"내가 이길 것 같은데? 당연히 정의를 그린 그림이 멋있지. 불의를 그린 그림이 대체 뭐가 멋있겠어?"

"흐흐. 그럴 리 없어. 이건 무조건 내가 이기는 게임이야."

미소를 지으며 자신 있는 표정을 짓는 불의를 보며, 정의는 도무지 영문을 알 수 없었어요.

뭐, 어쨌든 괜찮아. 정의는 승리할 거니까.

정의와 불의는 쿨쿨 낮잠을 자고 있는 율이의 꿈속으로 들어갔어요.

"율아, 네가 그림을 그렇게 잘 그린다며? 너 우리한테 그림 한 장씩 그려줄 수 있어?"

"대신에 네가 원하는 그림 도구는 뭐든지 쓸 수 있어. 이것

봐! 너 이거 갖고 싶었지?"

율이는 그림 그리는 것을 무척 좋아해요. 평소에 갖고 싶던 55색 크레파스를 보자 율이의 눈이 반짝 빛났어요.

"나는 정의고 얘는 불의야. 정의와 불의를 생각나는 대로 한 장씩 그림으로 그려주면 돼."

"그래, 10분씩 시간을 줄 거야. 먼저 나, 불의부터!"

율이 앞에 마법처럼 스르륵, 하얀 도화지가 놓였어요.

불의라. 생각나는 게 너무 많았어요. 만화 속에 나오는 악당을 그릴까? 몰래 남의 물건을 훔치는 도둑을 그릴까? 우리 동네에서 작고 약한 아이들만 골라서 괴롭히는 덩치 큰 석이 형을 그릴까?

가만, 이곳을 배경으로 하면 많은 걸 그릴 수 있겠는데?

좋은 생각이 떠오른 율이는 마트를 배경으로 그림을 그리기 시작했어요.

먼저 구석에서 몰래 예쁜 학용품을 훔치는 아이를 그렸어요. 사람들이 줄 서 있는데 험악한 얼굴로 덩치를 과시하면서 새치기하는 아저씨도 그리고, 사과를 집어다가 계산도 안 하고 와삭와삭 먹어버리는 아줌마도 그렸어요.

"우와, 근사한데?"

불의는 크게 기뻐했어요.

"율아, 너 정말 그림을 잘 그리는구나. 그럼 내 차례야. 정의를 멋있게 그려줘!"

정의가 한껏 기대에 찬 얼굴로 율이에게 부탁했어요.

"그래, 율아. 정의롭지 못한 모습들을 참 잘 그렸어. 이제 정의의 모습을 한번 그려봐."

불의가 빙글빙글 웃으며 말했어요.

음?

어?

정의의 모습?

정의라면 뭔가 막 반짝반짝 빛이 나고… 음… 아주 좋은 그런… 어… 사람들이 행복하고 편안하고… 기쁜?

그런데 그걸 어떻게 표현하지?

율이는 대체 뭘 어떻게 그려야 할지 막막했어요.

불의 때와는 달리, 뭔가 좋은 느낌만 있을 뿐 막상 구체적으로 생각나는 장면이 별로 없었거든요.

율이가 망설이는 동안 시간이 속절없이 흘러버렸어요. 이럴 수가!

"율아, 뭐해? 빨리 뭐라도 그려줘!"

256

그, 그래, 내가 좋아하는 저스티스 리그의 영웅을 그리자! 정의가 영어로 저스티스잖아. 슈퍼맨이랑 원더우먼이 멋있게 서 있는 모습을 그리는 거야!

율이가 뒤늦게 망토를 휘날리는 슈퍼맨과 원더우먼을 그리고 막 색칠을 하려는 순간 불의가 말했어요.

"자, 이제 3분 남았어!"

마음이 급해진 율이는 슈퍼맨의 상징인 S자를 가슴팍에 그리고…… 가만, 슈퍼맨 팬티가 무슨 색이었더라? 원더우먼은 빨강이랑 파랑이었는데, 위쪽이 파랑이었나 빨강이었나? 으아아, 일단 머리부터 색칠해야겠다. 율이가 슈퍼맨과 원더우먼의 머리카락을 색칠하고 얼굴과 손발을 마구 칠했을 때 아뿔싸, 시간이 그만 다 되어 버렸어요. 여전히 빨강과 파랑을 양손에 들고 고민하는 율이를 두고 정의와 불의는 율이의 꿈에서 빠져나왔어요.

정의는 불의가 자신만만해하던 이유를 이제야 깨닫게 되었어요.

불의라면 누구나 떠오르는 구체적인 장면이 있는데 정의는 그리기가 꽤 애매하다는 사실을요.

불의는 히죽히죽 웃으며 정의에게 부채를 내밀었어요.

"자, 강풍으로 일단 스무 번 시작해 봐."

팔이 빠져라 백 번을 부치고 난 정의는 억울했어요.

이게 아닌데. 원래 정의는 승리하는 법인데.

무엇보다 정의가 불의에게 졌다는 사실을, 정의로운 정의는 참을 수가 없었어요.

"야, 우리 내기 한 번 더 해. 율이가 아직 어린이라서 조금 당황했던 것 같아. 이번에는 어른으로 하자."

"무슨 내기를 할 건데?"

정의의 눈에 거실 소파에 누워 있는 율이 아버지가 들어왔어요. 주말이라고 속옷만 입은 채 코를 후비며 TV 리모컨을 만지작거리는 율이 아버지 모습에 웬지 한숨이 나왔지만 그래도 괜찮을 것 같았어요. 좀 게으르긴 하지만 그래도 율이 아버지는 정의감이 넘치는 사람이니까!

"율이 아버지를 먼저 소파에서 일으키는 쪽이 이기는 거야. 어때? 아이스크림 내기!"

"오, 그거라면 좋지!"

어? 이 녀석이 왜 또 자신만만하지?

정의는 약간 불안했지만 정의가 두 번 연속 불의에게 지는 일은 없을 거라고 생각했어요. 사람들은 다들 정의를 좋아한

259

다구! 율이 아버지는 분명 불의보다는 정의의 호소에 움직일 거야.

"이번에는 내가 먼저 할 거야."

"그래, 어디 해봐. 내가 시간을 재고 있을게."

정의는 율이 어머니의 모습으로 변신했어요.

"여보, 좀 일어나 봐."

"응?"

"그 왜, 며칠 전에 우리 동네에서 조그만 애 하나가 집에서 학대를 받다가 도망친 사건 있었잖아요."

"알지. 그 못된 인간들. 그 조그만 애가 대체 무슨 잘못이 있다고……."

"가해자를 엄벌에 처해 달라고 동네 사람들이 서명을 한다는데, 당신도 일어나서 좀 해."

"그래? 갖다 줘요."

"아유, 저 식탁 위에 있어. 당신이 좀 일어나서 하라니까."

"거기 놔둬, 그럼. 이따가 내가 할게."

율이 아버지는 누운 채 속옷 안으로 손을 넣어 엉덩이를 벅벅 긁었어요.

아이, 이 게으른 인간. 꼼짝할 생각이 없어 보이네. 어쩌지?

정의가 꾀를 냈어요.

"저기 여보, 우리 율이 안 쓰는 장난감 좀 모아서 그 아이 가져다줄까?"

"응, 좋지."

"당신이 일어나서 장난감 좀 모아봐. 나는 얼른 빨래 좀 돌리게."

"응. 내가 이따가 봐서 천천히 할게."

율이 아버지는 대답만 할 뿐 소파와 한 몸이 된 채 꼼짝도 하지 않았어요.

"여보, 쓰던 장난감을 주기는 좀 그런가? 먹고 싶었던 거, 가지고 싶었던 거 사라고 돈이라도 넣을까? 사람들이 기부 많이 한다던데."

"그것도 좋네."

"참, 여보. 내 지갑이 아침부터 통 안 보이는데, 당신 봤어? 좀 찾아줘."

"응, 내가 이것만 보고 찾아볼게."

율이 아버지는 프라이팬에 눌어붙은 인절미처럼 소파에 착 달라붙어서 TV 화면에 눈을 고정한 채 꼼짝도 하지 않았어요.

불의가 말했어요.

"야, 너 언제까지 할 거야? 망한 것 같은데?"

"조금만 더 하면 될 것 같은데……."

"비켜. 내가 해볼게."

불의는 율이 친구 아름이로 변신해서 마당으로 헐레벌떡 뛰어 들어왔어요.

"아저씨! 큰일 났어요. 율이 지금 저기 골목에서 석이 오빠한테 맞고 있어요!"

"뭐라고?"

율이 아버지가 상체를 벌떡 일으켰어요.

"저희가 공놀이를 하고 있었는데 석이 오빠가 와서 공 뺏어 갔어요. 율이가 돌려달라고 하니까 막 때려요!"

"아니, 그 녀석이 또!"

율이 아버지는 벌떡 일어나서 바지를 꿰어 입고 밖으로 달려 나갔어요.

불의가 의기양양한 얼굴로 정의를 돌아보며 말했어요.

"나는 붕어싸만코."

정의는 이 붕어같이 생긴 녀석이 대체 왜 자꾸 이기는 걸까, 머리를 싸매고 말았답니다.

친구들과 생각해 봐요

우리는 정의가 언제나 승리한다고 말해요. 그러기를 바라기도 하고요.

하지만 이 동화 속에서 정의는 왜 계속 지는 걸까요?

여러분은 혹시 "와, 이건 정의로워!"라는 말을 평소에 해 본 적이 있나요?

"이건 정의롭지 못해, 옳지 않아, 불공평해!"라는 말은요?

우리는 사실 정의로운 상태를 기뻐하기보다는 불의에 대해 따지고 화를 내는 경우가 훨씬 많아요. 정의라는 건 막연한 상태로 우리 곁에 조용히 있지만, 불의는 아주 구체적으로 우리 생활에서 일어나는 일 속에 있거든요.

그래서 슈클라라는 철학자는, 정의로운 사회에서 살고 싶으면 정의보다 오히려 불의에 관심을 가지라고 말해요. 정의라는 막연한 상태에 안주하기보다는, 우리가 금방금방 떠올리는 옳지 않은 일들에 관심을 가지고 그것부터 고쳐 나가라고요. "정의롭게 행동하세요"보다는 "서로에게 잔인하게 행동하는 일이 없어야 해요"가 훨씬 더 구체적이고, 강하고, 멋진 해결책이 된다고요. 어때요, 맞는 말 같나요?

정의를 꿈꾸는 어린이들이라면 우선 불의에 민감하게 반응하고 불의에 눈감지 않으면 좋겠어요. 사실 어른들은 점점 눈도 나빠지고 도덕심에 굳은살도 생기는데, 우리 어린이들에게는 오히려 말랑말랑한 양심의 새싹이 파릇하게 살아 있거든요. 그러니까 옳지 않은 일을 만나면 큰 소리로 말해주세요. "이건 옳지 않아!" 하고요. 그 말을 듣고 옷을 입고 뛰쳐나가는 건 어른들이 할게요.

어른들과 함께 읽어요

더 나은 세상을 위해서는 정의보다는 불의에, 자유보다는 공포에 주목해야 한다고 주장한 철학자가 있습니다. 하버드대학교 정치학과 최초의 여성 교수였던 주디스 슈클라Judith N. Shklar (1928~1992)예요. 우리나라에 잘 알려진 학자는 아니지만 유대계 여성 철학자이자 정치학자로서는 한나 아렌트 못지않게 중요하고 탁월한 학자입니다. 1970년대 이후 롤스가 정의justice를 자유주의 정치철학의 중심으로 다시 끌어온 이후 제도며 권리 중심으로 소위 자유주의 시대가 도래했을 때, 같은 하버드 교정에서 롤스와 가장 치열하고 따뜻하게 논쟁했던 이가 바로 주디스 슈클라예요.

롤스와 슈클라는 둘 다 자유주의자입니다. 같은 자유주의를 고민하면서 롤스는 정의를, 슈클라는 불의를 전면에 내세운 것이죠. 이 동화는 슈클라가 왜 롤스 같은 기존의 권리 중심의 자유주의 전통을 비판하고 나왔는지를 쉽게 풀어 본 것입니다.

슈클라는 인간이 그렇게 이성에 따라 합리적으로만 움직이는 존재가 아니라는 점에 주목합니다. 동화 속 율이 아버지처럼 머리로는 알지만 귀찮아서 잠시 외면하기도 하고, 아니면 정말 아무 이유 없이 비합리적이고 바보 같은 짓을 하기도 하는 것이 인간입니다. 더 나아가서는 큰 신념 없이도 서로에게 잔인할 수 있는 것이 인간이죠.

롤스 같은 철학자가 인간 이성과 합리성에 대한 신뢰를 바탕으로 이론을 구축했다면, 슈클라는 **인간이 별로 합리적이지 않다는 사실**을 기반으로 논리를 전개합니다. 인간들이 보이는 모호함, 불명확성, 완고함 같은 것에 더 주목했던 것이죠. 그렇기에 슈클라는 합리성에 기반한 권리 추구는 이차적인 것이고, 가장 중요한 것은 잔혹함의 공포로부터 사람들을 지키는 것이라고 생각했습니다. **최고선이 아니라 최고악에 초점을 두자**는 입장이죠. 슈클라는 이렇게 고전적 의미의 자유주의 전통을 비판함으로써 자유주의의 지평을 넓혔습니다.

정의는 아름답고 찬란하지만 사람을 움직이게 만드는 것은 아닙니다. 그래서 정의를 차갑고 정적인 미덕cold virtue 이라고 해요. 하지만 불의는 반대입니다. 불의를 마주하는 순간 우리는 내 안의 무언가가 달려 나가는 것을 느끼곤 하죠. 존 루카스J. R. Lucas의 『정의에 관하여On Justice』(1989)라는 책에는 "불의는 바지를 입는다Injustice wears the trousers"라는 인상적인 문장이 들어 있습니다. 정의는 바지를 안 입는 변태라는 말이 아니고, 동화 속 율이 아버지처럼 당장 바지를 꿰어 입고 달려 나가게 하는 것이 불의라는 말입니다. 전통적으로 철학에서는 정의, 자유, 미덕 같은 긍정적인 개념에 주목했습니다. 하지만 슈클라는 불의, 공포, 악덕처럼 부정적인 개념들을 전면에 내세웁니다. 그동안 우리는 정의에 대해서만 연구하면서 '정의의 반대가 불의'라고 단순하게 생각했는데, 불의는 나름의 고유한 작동 논리를 가지는 다각적인 개념이고, 단순히 정의의 반대말이 아니라는 것이죠.

슈클라가 활동하던 시기는 자유주의가 사람들에게 환상과 이상을 불어넣던 시기였습니다. 하지만 슈클라는 경험에 근거를 두지 않는 피상적인 이데올로기를 경멸했어요. 스스로가 2차 세계대전 때 나치의 잔혹함을 피해 어린 나이에 가족과 함께 난민이 되었던 경험이, 세상은 허울 좋은 이데올로기로 간단히 구원될 수 있는 게 아니라는 믿음을 단단히 했을 것입니다. 말할 수 없는 고초를 겪으면서 인간의 잔혹함에 아무런 보호 없이 노출되었던 강렬한 경험이 슈클라의 철학에 깊이 녹아 있는 것이죠. 따라서 슈클라는 자유주의가 모호하고 비정치적인 개념 논쟁으로 흘러가는 것을 굉장히 우려했습니다.

앞서 얘기했듯이 **정의는 모호합니다.** 그림으로 그리라고 하면 당최 손에 잡힐 듯 떠오르는 이미지가 없어서, 율이가 그랬던 것처럼 시간이 오래 걸리죠. 반대로 불의는 금방 떠오릅니다. 정의라는 것은 형이상학의 세계에, 불의라는 것은 현실 세계에 있기 때문입니다. 율이가 슈퍼맨과 원더우먼 복장 색깔을 헷갈려하는 것도 그것이 추상적인 영역, 상징의 영역에 있기 때문입니다.

슈클라는 정의란 무엇인가가 아니라 **불의란 무엇인가를 질문해야 한다**고, 그래야 이 현실 세계로 다시 돌아올 수 있다고 말합니다. 철학은 그간 불의 대신 정의를 선택함으로써 우리가 살고 있는 현실 대신 원칙과 형이상학의 세계로 나아갔던 거예요. 그러므로 슈클라는 주장합니다. 자유주의라는 건 인간의 합리성이나 진보를 자축하는 그런 방식이 아니라, 현실과 일상에서 우리 삶을 가차 없이 무너뜨리는 것들을 살피고 사람들이 서로에게 잔혹하지 않도록 강한 조치를 가하는 방향이 되어야 한다고요. 인간의 이성을 믿지 말고, 우리 안의 어둠을 살피라고요.

슈클라는 자신의 자유주의를 '공포로부터의 자유주의 Liberalism of fear', '영원한 소수자들을 위한 자유주의 Liberalism

268

of permanent minorities'라고 불렀고, 슈클라의 제자들은 슈클라 사후 스승의 영전에 『환상 없는 자유주의*Liberalism without Illusions*』(1996)라는 책을 바쳤습니다. 이 동화가 자유주의를 환상 없이 바라보게 하고, 우리 주변의 불의를 생각하게 만드는 기회가 된다면 좋겠습니다.

"정의와 자유를 어떻게 키울 것인가."
"불의와 공포에 어떻게 맞설 것인가."
더 나은 세상을 위해서는
후자가 중요하다고 나는 믿어요.

막연한 정의보다
뚜렷한 불의가
사람들의 등을
더 절실하게 떠미니까요.

뭣이?
율이가 맞고 있다고 !!!

돕는건 나중에 할게~

13

강아지 나라의
도연이

장자, 다른 존재와의 만남

장자 莊子

몸이 쑤욱 들어 올려지는 느낌에 도연이는 눈을 떴습니다.

'으아악! 이게 뭐야?'

나를 들여다보는 커다랗고 새까만 눈에 도연이는 비명을 지를 뻔했어요.

"엄마, 얘로 할래요. 너무 귀여워요."

"너 정말 자신 있어? 밥도 줘야 하고, 똥오줌도 잘 치워야 하고, 산책도 시켜줘야 해."

가만, 이게 무슨 소리지?

어제 엄마랑 내가 했던 대화 같은데.

아니, 지금 그게 문제가 아니라, 꿈이면 빨리 깨고 싶다. 너무 무서워!

그런데 아무리 주위를 두리번거려도 커다란 강아지 같은

형체만 우글거릴 뿐 엄마도 아빠도 보이지 않아요.

도연이는 볼을 꼬집어 봤어요. 아야, 아픈데. 이상하다.

"엄마, 진짜 잘 키울게요. 나 자신 있어요!"

"하여튼 엄만 몰라. 엄마가 인간 별로 안 좋아하는 거 알지? 토토 네가 조르고 졸라서 사는 거니까 책임져야 돼."

이게 대체 무슨 상황이야. 나를 사서 키운다고?

'저기요……!'라고 소리를 내려고 했는데 글쎄, 도연이 입에서 "멍!" 하는 소리가 나왔지 뭐예요. 도연이는 너무 무섭고 답답해서 엉엉 울고 말았어요.

도연이를 들어 올린 커다란 갈색 점박이 강아지가 도연이를 품에 안고 쓰다듬기 시작했어요.

"괜찮아, 울지 마. 우리 집에 같이 가자. 내가 예뻐해 줄게."

❧

그렇게 도연이는 토토라는 거대한 강아지에게 안겨 낯선 집으로 가게 되었어요. 그 집에는 엄마로 보이는 더욱더 거대한 흰색 개와, 두두라고 불리는 커다랗고 정신 사나운 강아지가 살고 있었어요. 토토는 보드라운 흰털에 고운 갈색 점이 있는데, 두두는 전체적으로 약간 금빛이 도는 연갈색이었어요. 도연이를 보고 흥분해서 어찌나 경중경중 뛰던지 도연이는 그만 두통이 생길 것만 같았어요. 보아하니 토토의 남동생인 듯했어요.

"누나! 나도, 나도 안아볼래!"

도연이는 온통 자기를 핥아대는 두두의 침으로 푹 젖은 채 다시 토토에게 돌아왔어요.

아, 미치겠네.

토토는 도연이를 거실 한쪽에 마련된 둥근 바구니에 넣었어요. 바구니 안에는 푹신한 타월이 깔려 있었어요.

"여기가 네 자리야."

도연이는 힘들기도 하고 무섭기도 해서 타월 안으로 쏙 들어가 몸을 파묻었어요.

"우리 귀염둥이. 피부가 희니까 흰둥이라고 불러야겠다. 흰둥아, 내가 정말 잘해줄게. 나만 믿어."

내가 흰둥이라고? 아아, 진짜로 미쳐버리겠네.

토토 엄마는 정말 도연이를 그다지 좋아하지 않았어요.

"세상에, 이 조그만 인간한테서 머리카락 빠지는 것 좀 봐!"

하지만 토토와 두두는 그들의 방식대로 도연이를 정말 좋아하는 것 같았습니다. 그런데 도연이는 그게 너무 힘들었어요.

도연이는 신선한 채소와 과일이 먹고 싶은데 토토는 도연

이에게 계속 고기만 줬어요.

"이거 엄청 부드러운 고급 고기야. 많이 먹어."

토토는 도연이 허리에 끈을 묶어서 아침저녁으로 산책을 시켰어요. 밖에 나가는 건 좋았지만 토토는 도연이가 강아지들처럼 빨리 뛰지 못한다는 사실을 가끔 잊어버리는 것 같았어요. 산책을 할 때마다 녹초가 되어 금방 죽을 것 같은 얼굴로 돌아와야 했지요. 또 토토는 도연이와 놀아준다며 틈만 나면 공을 던지고 가져오게 했어요. 도연이는 공놀이보다는 재미있는 책을 보거나 그림을 그리며 놀고 싶은데 말이에요.

"자 흰둥아, 공 가져와!"

도연이가 뛰어가서 공을 가지고 오면 토토는 사랑스럽다는 듯이 도연이를 쓰다듬었어요.

"아이, 착하다."

●

두두는 도연이만 보면 꼬리를 흔들며 머리부터 발끝까지 핥았어요. 그러고는 도연이를 조심스럽게 입에 물고 온 집안을 뛰어다녔지요. 침 냄새에 어지러운 속도감. 도연이는 두두만 보면 자동적으로 속이 울렁거렸어요. 으아, 제발 살려줘.

누가 제발 애 좀 말려주세요. 아무리 놀이기구를 탄 셈 치자고 생각해 봐도, 두두가 도연이를 즐겁게 해준다며 하늘 높이 던져 올렸다가 입에 물 때는 욕인지 기도인지 모를 것이 절로 나왔어요. 아아, 그냥 이대로 세상을 하직하는 게 낫겠어. 두두는 이런 도연이 속도 모르고 도연이 바구니에 가끔 커다란 뼈다귀를 넣어주고 웃었어요.

아, 어쩌라고.

도연이는 이 거대한 강아지 남매가 자기에게 사랑을 주는 것을 알았지만, 그건 도연이가 원하는 사랑이 아니었어요. 가장 큰 문제는 목욕이었어요. 2주에 한 번이라니! 두두 침으로 떡진 머리를 아무리 질끈 묶어봐도 몸에서 참을 수 없는 냄새가 나고 간지러워서 견딜 수가 없었어요. 결국 도연이는 피부병이 생기고 변비에 시달리게 되었답니다. 빨갛게 발진이 생기자 토토 엄마는 차가운 눈빛으로 도연이를 보며 말했어요.

"사온 지 얼마나 됐다고…… 내가 이럴 줄 알았어."

도연이가 바구니에 누워 시름시름 앓자 두두는 걱정스러운 눈으로 쳐다봤고 토토는 슬피 울었어요. 하지만 토토네 엄마는 도연이를 병원에 데려갈 생각을 하지 않았어요.

토토와 두두가 학교에 가고 없는 오전 시간.

도연이는 토토네 엄마가 다른 개와 차를 마시며 이야기하는 것을 들었어요.

"저건 뭐야? 아까부터 꼼짝도 안 하네."

"우리 토토가 키우던 인간이 하나 있는데 병이 났어."

"그래? 심해?"

"몰라. 귀찮아 죽겠어."

"쯧쯧. 사람 팔자가 다 거기서 거기지. 누가 사람으로 태어나래?"

"알아봤는데, 치료하는 데 돈이 너무 많이 들더라고. 우리 토토가 너무 슬퍼하는데 어떻게 해야 할지 모르겠네."

"무슨 사람 치료하는 데 그 돈을 써. 하나 새로 사. 그게 더 싸겠네."

도연이는 그 대화를 들으며 펑펑 울었어요. 왜 저들은 나를 귀한 생명으로 생각해 주지 않는 걸까. 자기들이 크고 힘이 세다고 나를 이렇게 취급해도 되는 걸까. 나는 결국 이렇게 죽는 걸까. 눈물을 흘리고 또 흘리다 도연이는 그만 정신을 잃었어요.

어, 이상하다.

익숙하면서도 낯선 감촉에 도연이는 손가락을 꼼지락거렸
어요. 타월이 아니라 이불 같은데? 어…… 이건 베개고……
음…… 좋은 냄새.

눈이 번쩍 떠졌어요. 아아, 우리 집이다!

잠에서 깨어난 도연이는 아직도 뻐근한 가슴을 움켜쥐고
주위를 둘러봤어요.

꿈이었구나. 꿈이어서 정말 다행이야.

거실에서 책을 읽고 있는 엄마에게 뛰어가 꼭 껴안았더니
엄마가 웃으며 도연이를 안아주네요. 거실 한쪽 구석에서 타
월에 폭 파묻혀 있던 조그만 강아지가 그런 도연이를 보고 얼
굴을 들었어요. 어제 저녁에 우리 집에 온 강아지예요. 도연

이는 강아지에게 다가가 자세를 낮추고 강아지와 눈을 맞추었어요.

한참 강아지의 눈을 들여다보던 도연이가 말했어요.

"네 마음 다 알아."

강아지가 고개를 갸웃거리며 코를 찡긋거려요.

도연이가 손을 뻗어 조심스럽게 강아지를 쓰다듬으며 다짐했어요.

"난 너의 주인이 아니고, 친구가 될 거야."

친구들과 생각해 봐요

여러분에게는 반려동물이 있나요? 있다면 어떤 방식으로 돌보고 있나요?

반려동물이 없는 친구들은 주변에서 만나는 동물들을 떠올려 보세요. 사람들이 그 동물들을 어떻게 대하고 있나요?

이야기 속의 토토와 두두는 도연이를 사랑했지만 도연이는 행복하지 않았어요. 왜 그랬나요?

도연이가 강아지 나라에서 행복하려면 토토네 가족은 도연이에게 어떻게 하는 게 좋았을까요?

이 세상에는 우리와 더불어 수많은 동식물이 함께 살고 있어요.

여러분은 인간이 다른 생명체보다 우월하다고 생각하나요? 우월하다고 생각한다면 그 이유를 들려줄 수 있나요? 우월하지 않다고 생각한다면 왜 그렇게 생각하는지도 궁금해요.

만약에 사람이 다른 생명체보다 우월하다면 그들의 생명을 빼앗고 함부로 대해도 되는 것일까요?

도연이가 병에 걸렸을 때, 이야기 속에서 어른 개들이 어떻게 행동했는지 생각해 봅시다. 여러분은 그 이야기를 듣고 어떤 생각이 들었나요?

그런데 말이에요. 사람이 다른 동식물의 생명을 빼앗지 않고 살 수 있을까요?

어떤 경우에 우리가 다른 생명을 해하는 것이 정당화될까요?

여러분은 인권이라는 말을 들어본 적이 있나요? 인권이라는 것은 사람으로 태어났기에 당연히 가지는 권리예요. 그 누구도 이 권리를 침해할 수 없지요. 인권과 비슷한 의미에서 '동물권'이라는 말이 있어요. 동물에게는 어떤 권리가 있다고 생각하나요?

마지막에 도연이가 강아지에게 "나는 너의 주인이 아니고 친구가 될 거야"라고 한 것은 무슨 뜻이었을까요? 주인이 되는 것과 친구가 되는 것은 어떻게 다를까요?

어른들과 함께 읽어요

세상은 내가 아닌 존재들로 가득 차 있으며, 그 존재들은 사람이 아니기도 합니다. 차이는 항상 우리 삶의 도처에 존재하고, 우리가 다른 존재를 만나지 않고 살아가기는 어렵지요. 아이들이 **사람이 아닌 존재들을 만날 때 어떻게 행동하면 좋을지** 함께 생각해 보기 위해서 중국 전국시대에 살았던 철학자 장자莊子(기원전 340~기원전 280)를 소환했습니다. 장자는 타자와의 만남에 대한 많은 이야기들을『장자』(기원전 3세기)에 남겼습니다. 환경과 풍습이 다른 낯선 사람들, 즉 이방인과의 조우에 대한 이야기도, 사람이 아닌 존재들과의 만남도, 장자 안에 가득합니다.

　사람과 동물이 서로의 입장을 바꾸어 본다면 최근 중요한 문제가 되고 있는 동물권에 대해 생각해 보기에 좋을 것 같았습니다. 이를 위해서『장자』「지락至樂」편에 나오는 바닷새 이야기를 비틀어 재구성해 보았습니다.

"바닷새가 노나라 서울 밖에 날아와 앉았다. 노나라 임금은 이 새를 친히 종묘 안으로 데리고 와 술을 권하고, 아름다운 궁궐의

284

음악을 연주해 주고, 소와 돼지, 양을 잡아 대접하였다. 그러나 새는 어리둥절해하고 슬퍼하기만 할 뿐, 고기 한 점 먹지 않고 술도 한 잔 마시지 않은 채 사흘 만에 결국 죽어버리고 말았다. 이것은 사람을 기르는 방법으로 새를 기른 것이지, 새를 기르는 방법으로 새를 기르지 않은 것이다."

이야기 속의 도연이는 강아지 남매의 사랑을 받지만 어리둥절해하고 슬퍼하다가 결국 병을 얻습니다. 그 사랑의 방식이 너무 강아지의 방식이었기 때문이지요. 생명을 책임진다는 것은 사랑의 마음가짐만으로는 부족하고, 그 존재에 대한 바른 이해와 배려가 필요합니다.

타자에 대한 이해와 배려는 더불어 살아가는 세상에서 근본적으로 지녀야 할 덕목입니다. 그런데 프랑스 철학자 레비나스는 우리가 타자의 입장에서 본다는 것은 사실 불가능한 일이라고 말합니다. 그게 가능하다면 사실 그 사람은 진정한 의미의 타자가 아니기 때문이지요. 레비나스에 따르면 '우리가 관계를 맺지만 동시에 관계를 맺을 수 없는 존재'가 타자입니다. 하지만 장자는 타자와 관계를 맺을 수 있는 방법이 있다고 말합니다. 바로 「인간세人間世」 편에 나오는, 수레를 바꿔 타보라는 조언입니다.

장자는 타인이란 내가 멈추려고 해도 멈출 수 없는 존재이므로, 타자라는 수레에 올라타 놀아보라고 합니다. 그러다 보면 '중中'이라는 개념이 생겨나는데 그것이 우리가 할 수 있는 최선이라는 것이죠. 거 남의 수레에 올라타 노는 게 뭐가 어렵겠나 싶지만, 장자의 말은 멈춰 있는 수레에 타라는 게 아니라 움직이는 수레, 그것도 내가 멈추려고 해도 멈출 수 없는 속도로 움직이는 수레에 올라타라는 얘기입니다. 달리고 있는 자동차에 목숨 걸고 뛰어오르는 제임스 본드처럼, 비행기 위로도 폴짝폴짝 뛰는 톰 크루즈처럼 말이죠.

　　나는 나 자신의 속도에 익숙해져 있습니다. 타인이라는 수레는 나보다 빠를 수도 있고 느릴 수도 있지요. 내 속도보다 빠르든 느리든 거기에 오르는 순간 나는 속도 차이 때문에 현기증을 느끼고 어지러울 수밖에 없습니다. 이야기 속 도연이도 그런 현기증을 경험합니다. 장자는 그걸 즐기라고 조언해요. 타인을 멈추려 하지 말고 **타인의 속도에 익숙해지면서 새로운 균형 감각[中]을 찾는 것**, 그것이 우리가 타인을 이해하는 최선의 방법이라고 말합니다.

　　이런 의미에서 타자와의 마주침은 내 삶의 규칙을 새롭게 만드는 기회가 됩니다. 다른 존재와의 만남이란, 이렇게 눈앞이 아찔해지는 다른 세계와 낯선 세계관을 만나고 그 안에서의 선택을 통해 나를 만들어가는 일입니다. 도연이는 그런 현기증을 경험하고 꿈에서 깨어난 뒤 스스로 자세를 낮춰 강아지와 눈을 맞춥니다. 내가 너의 수레에 올라 봤기에 너의 마음을 이해한다고 말합니다.

우리는 스스로를 만물의 영장이라 칭합니다. 이 중요하고 훌륭한 인류를 위해서, 우리보다 열등한 너희들은 동물이고 식물이고 간에 우리를 위해 좀 비켜보라고 말합니다. 힘의 압도적 차이 때문에 이 땅에서 같이 살아가야 할 동식물이 밀려납니다. 밀려나면 그냥 죽기도 하지만 그들도 살아남기 위해 애쓰느라 생태계에 혼란이 옵니다. 새로운 전염병 같은 것은 이런 생태계의 혼란 속에서 생겨나는 경우가 많다고 하지요.

인류가 만물의 영장이 아니라 만물의 친구가 되었으면 좋겠습니다. 스스로가 부여한 자리, 시상대의 가장 높은 자리에서 내려오는 것만으로 꽤 많은 것이 달라지지 않을까요. 주변의 사람들에게 친절한 만큼, 주변의 동물에게도 식물에게도 다정했으면 좋겠습니다. 인간은 모든 생명체를 지배하는 존재가 아니라, **이 지구에 사는 생명체의 일원으로 동등하게 어울려야 한다는 것**을 깨달으면 좋겠습니다.

장자의 「제물론齊物論」에는 산에 부는 바람과 나무에 난
구멍들의 만남에 관한 이야기가 있습니다. 장자에 따르면
산에는 바람이 여러 방향으로, 또 다양한 세기로 붑니다.
나무에는 헤아릴 수 없이 많은, 크고 작은 구멍이 존재하
고요. 그런데 이 바람과 구멍이 서로 마주쳐야 소리가 납
니다. "마치 코처럼, 입처럼, 귀처럼, 병처럼, 술잔처럼, 절

내가 아닌 타자라는 수레에 올라
그 속도에 익숙해지고
그 존재를 이해하게 된다면.

그렇게 모두가 서로를 받아들이고
조화롭게 어울려
살아가게 된다면.

세상은 분명
달라지지 않을까요?
더, 아름다운 방향으로.

288

구처럼, 깊은 웅덩이처럼, 좋은 웅덩이처럼 생긴 구멍들이 각각 물 흐르는 소리, 화살 나는 소리, 꾸짖는 소리, 숨을 들이마시는 소리, 울부짖는 소리, 아우성치는 소리, 탁하게 울리는 소리, 맑게 울리는 소리 등 온갖 소리를 낸다. 앞의 것들이 '우우' 하고 소리를 내면 뒤의 것들은 '오오' 하고 소리를 낸다. 산들바람에는 작은 소리로, 거센 바람에는 큰 소리로 대답한다"라고 장자는 말합니다. 인간도 동물도 식물도, 그 헤아릴 수 없이 많은 바람의 하나, 무성한 구멍 중 하나일 뿐입니다. 만나서 함께 이런저런 소리를 내는 주체들인 거죠. 그렇게 만나서 내는 소리들이 다양하고 아름다웠으면 좋겠습니다. 아픈 비명이 들리지 않았으면 좋겠습니다.

감사의 말

지은이 이진민

『동굴 밖으로 나온 필로와 소피』를 읽어주신 여러분, 반갑습니다. 글 작가 이진민입니다.

각각의 이야기는 세 덩어리로 구성됩니다. 각 편마다 이야기를 하나씩 담고, '친구들과 생각해 봐요' 안에 생각을 더 뻗어볼 수 있는 열린 질문들을, '어른들과 함께 읽어요' 안에는 조금 더 깊이 있는 언어들로 설명을 붙였습니다. 동화 형식으로 썼지만 청소년, 대학생, 어른들까지 모두가 함께 편안하게 읽었으면 하는 마음으로 정성스럽게 작업했어요.

철학은 '지혜를 사랑하는 일'입니다. 철학을 뜻하는 필로소피philosophy는 고대 그리스어로 사랑을 뜻하는 '필로'와 지혜를 뜻하는 '소피아'를 합친 단어예요. 『동굴 밖으로 나온 필로와 소피』는 이 책을 통해 '철학책 밖으로 아이처럼 뛰어나올

291

철학'을 담는 제목이기도, 이 책을 통해 '동굴 밖으로 나오게 될 우리들'의 모습을 바라는 제목이기도 합니다. 나이에 상관 없이 우리 모두는 각자의 삶을 살며 지혜를 필요로 하지요. 이 열세 편의 동화가 느낌표를 주고 물음표를 남기는 이야기들로 기억되기 바랍니다.

'사랑하는'이라는 형용사에 진심을 담을 수밖에 없는 김새별 작가님, 작업 과정이 뭉클하게 느껴지는 마법을 행하신 강지수 편집자님을 비롯한 지와사랑 출판사 식구들께 감사의 말씀 전합니다. 책 여기저기에는 지인의 사랑스러운 아이들 이름을 넣는 것으로 제 마음을 숨겨두었습니다. 사랑스러운 훼방꾼이자 고성능 충전기인 지음이와 이음이에게 사랑과 미소를 보냅니다.

감사의 말

지난 여름에는 이 책의 원고를 읽고 또 읽었어요. 그림을 그리겠다고 덜컥 약속을 해놓고, 색연필을 들 수 없는 시간이 닥쳐서 하릴없이 글을 읽고 또 읽었어요. 때가 되면 그림이 스르륵 나올 수 있도록. 한스, 지수, 율이, 도연이, 룰루, 랄라, 필로와 소피들이 내 안에서 마음껏 뛰놀 때까지.

『동굴 밖으로 나온 필로와 소피』는 볼수록 신기한 책이에요. 이 세상을 그러려니 두면 안 된다고. 당연한 것을 의심하고, 불편해하고, 문제 삼아야 한다고. 사서 고생하는 것이 인생이라고. 인간은 불완전하다고. 그럼에도 사랑할 가치가 있다고. 무엇보다 지금 당신의 생각이 궁금하다고. 쉴 새 없이 이야기를 풀어놓고 말을 걸지요. 읽을 때마다 저는 새롭게 즐거웠는데 여러분은 어떠셨어요?

글 작가님이 철학의 자상한 번역가라면 저는 맨 앞줄에서 경청한 독자의 입장이라 동지 여러분의 이해를 돕기 위해 여러 가지 시도를 해보았어요. '어른들과 함께 읽어요'의 그림들이 그 예인데요. 고민하고, 다시 쓰고, 글 작가님의 첨삭을 받으면서 모든 이야기를 더 이해하게 되었고, 모든 철학자를 사랑하게 되었어요! 동지… 아니 독자님들도 이 책을 들춰보며 비슷한 순간을 만났길 바라요.

사랑하고 자랑할 수밖에 없는 이진민 작가님께 감사드려요. 덕분에 지난 여름과 다른 계절들까지 버틸 수 있었어요. 일 년 내내 많이 의지한 강지수 편집자님, 출판사 분들도 고맙습니다. 동굴 밖으로 나온 새별의 세상인 아진이와 태인이, 이주윤 씨에게도 감사와 사랑을 전합니다.

새로운 여름 앞에 서서,
그림 작가 김새별 드림

공자부터 롤스까지, 동화로 읽는 13가지 철학 이야기

동굴 밖으로 나온
필로와 소피

초판 1쇄 펴낸 날 2023. 7. 21
초판 3쇄 찍은 날 2024. 11. 20

글 이진민
그림 김새별
펴낸이 김광우
편집 강지수, 문혜영
마케팅 권순민, 김예진, 박장희
디자인 송지애

펴낸곳 知와사랑 | 주소 경기도 고양시 덕양구 동축로 70, AA 701호
전화 02) 335-2964 | 팩스 02) 788-2965 | 홈페이지 www.jiwasarang.co.kr
등록번호 제 2023-000016호 | 등록일 1999. 1. 23
인쇄 동화인쇄

ISBN 978-89-89007-00-5 43100